M. le Général Baudry des Lozières.

LES ÉGAREMENS

DU

NIGROPHILISME;

Par L.ᵢˢ-N.ˢˢᵉ B.ʸ DESLOZIÈRES.

« Je vois avec regret la France désolée,
» A nos dissentions la nature immolée ;
» Sur nos communs débris l'AFRICAIN élevé,
» Menaçant cet Etat par nous-même énervé. »

VOLT.

A PARIS,

CHEZ MIGNERET, IMPRIMEUR,

RUE DU SÉPULCRE, F. S. G. N.º 28.

1.ᵉʳ germinal an X. — 22 mars 1802.

EPITRE DEDICATOIRE

A

LA PREMIÈRE DAME

DE

LA RÉPUBLIQUE FRANÇAISE.

Je dédie cet ouvrage à une Dame qui a toute la sensibilité Créole, dont on a loué souvent la bienfaisance extrême, et qu'on fatigueroit de louanges, si l'on vouloit répéter tout le bien qu'elle fait en silence. Je ne suis que l'écho des infortunés qu'elle soulage; et pour me servir de l'ex-

pression d'un ancien Romain, elle est moins pour eux une Dame mortelle, qu'une Divinité favorable à tous les malheureux.

Son illustre Époux vient de rendre le bonheur aux Européens, en fermant le temple de Janus, et en rouvrant ceux de l'Éternel.

Environné de gloire, il éblouit l'Europe, qui n'est pas moins frappée de ses vertus; et la postérité, dont l'étonnement ne sera pas moindre que le nôtre, le regardera comme un prodige dans l'univers.

Tout a cédé sous son bras en temps de guerre, et la paix qu'il vient de donner au monde, le rendra plus grand encore.

(vij)

Sa bienfaisante Épouse a tous les charmes de son sexe; rivalisant avec son puissant Époux, elle a autant de grâces dans ses dons, qu'il a de forces dans ses actions.

Que les Muses lui offrent des corbeilles de fleurs, et sèment les roses sous ses pas; qu'on lui compose des guirlandes et qu'on l'entoure d'encens; elle mérite sans doute ces hommages. Pour moi qui connois la solidité de son esprit, j'ose lui présenter quelque chose de plus intéressant pour elle; ce sont des apperçus qui tendent au bonheur des Américains, ses compatriotes et ses admirateurs. Cet ouvrage n'est pas amusant, il n'est qu'utile.

Mais on est sûr de lui plaire en lui offrant les occasions de faire le bien, et je saisis celle de lui offrir mon respect, qui pour elle est sans bornes.

L.^{is}-N.^{sse} B.^y DESLOZIÈRES,

Anc. G.^{el}-Insp.^r de D.^{gons}, et maintenant H.^{phe} de la M. et des C.

AVANT-PROPOS.

Il convient de donner au public une idée de l'ouvrage d'où l'on a tiré le premier fragment qu'il va lire.

Il est intitulé, *Entretiens d'un fils avec l'ombre de son père*. Le titre suffit pour annoncer les intentions honnêtes de l'auteur.

Idée de l'ouvrage original.

Le père meurt en France au mois de décembre 1791 ; le fils revient de l'Amérique en juin 1792, et ce dernier croyant revoir cet objet de sa première affection, tombe dans une surprise et un chagrin inexprimables à la nouvelle d'une mort que son imagination lui fait regarder comme prématurée, quoique le vieillard eût près de 86 ans.

Ce fils infortuné, dont la sensibilité étoit extrêmement irritée par le souvenir de la perte qu'il fit en un seul jour de sa fortune, par toutes les horreurs dont il avoit été témoin à St-Domingue, par les

Ce qui l'a fait naître.

dangers extraordinaires qu'il avoit courus, par les blessures qu'il avoit reçues, et dont il n'étoit pas encore guéri, par la misère affreuse qui n'a cessé de l'accabler depuis ce temps, lui et sa famille, et enfin par une foule d'autres circonstances affligeantes ; ce fils, dis-je, est tombé dans une mélancolie qui enfonçoit son imagination dans les tombeaux. La tendresse qu'il conserva toujours pour son père qui la méritoit par la bonté de son caractère, par son amabilité, et par les vertus qui n'ont cessé de l'accompagner toute sa vie ; son penchant à la réflexion, les changemens cruels qu'il éprouva chaque jour, plongèrent son esprit dans les profondeurs de la contemplation, et le portoient même, dans ses momens de rêverie, à visiter la tombe de son père, auprès de laquelle étoit son logement. On devine aisément le reste. On sent qu'il fut porté naturellement à s'entretenir avec l'ombre de son père.

La chaleur de la révolution française l'ayant forcé de fuir en novembre 1793 , il se retira en Amérique. Le même esprit l'accompagna dans ces régions lointaines , et il y continua l'ouvrage qu'il avoit commencé en France sous Robespierre.

Il y suit les principales opérations dont il fut témoin , et réunies, elles forment un manuscrit trop considérable pour être imprimé à ses frais.

Il traite dans ses entretiens de toutes les matières qui peuvent intéresser les Colonies, en même temps qu'il en rapporte tous les événemens extraordinaires qui l'ont entouré lui-même.

On y voit que sa vie est mixte ; qu'il a servi civilement sa patrie dans toutes les branches qui exigent des connoissances pour conduire en temps de paix les hommes à la bonne intelligence de la société ; qu'il a servi militairement dans les circonstances les plus difficiles de la guerre, où sa fermeté lui a valu le bonheur d'être utile aux honnêtes gens dans le foyer même de la révolution coloniale ; que toujours fidèle à la France , lui et ses camarades ne se sont jamais avilis dans les oscillations révolutionnaires ; et que leur moral n'a jamais perdu aucune des nuances qui distinguent la bravoure du Français. Cela conduit naturellement à des anecdotes coloniales qui peuvent servir à l'histoire , et qui ne blessent personne.

Motif des notes jointes au premier fragment.

C'est de cet ouvrage volumineux qu'est tiré le premier fragment dont il s'agit. Il a cru devoir joindre à ce fragment des réflexions ultérieures, et des notes qui sont destinées à répandre plus de lumières, sans fatiguer le lecteur par une tristesse sépulcrale qui ne convient qu'à ceux qui sont vraiment malheureux.

(xiij)

Les personnes que le bonheur en-
vironne ne souffrent pas aisément
qu'on les entretienne de calamités.
On les fatigue par les plaintes, et on
les rebute par des images tumulaires.
Ce sont pourtant ces personnes qu'il
faut éclairer sur les Colonies, et l'auteur s'est prêté autant qu'il a pu à
leur rendre supportable la lecture d'un
ouvrage que la circonstance rend plus
que jamais nécessaire.

Il assure que ce n'est pas lui qu'il
envisage; il ne met que le prix le plus
ordinaire à sa peine : il ne voit que la
chose publique, et desireroit contribuer
au rétablissement des Colonies, qui
augmentent si admirablement l'éclat
et les richesses de la mère-patrie. Ce
n'est pas précisément un ouvrage qu'il
donne, mais des matériaux sur lesquels on en peut faire un bien utile
aux Colonies.

C'est sous ce-même point de vue qu'il

le second fragment.

joint un *second fragment* tiré des mémoires qu'il a eu l'honneur de présenter au Ministre de la Marine et des Colonies, et qu'il y ajoute une liste nominative de ses travaux des années 8 et 9, encouragé qu'il était alors contre les sourdes intrigues qui minent souvent l'homme de bonne-foi, uniquement occupé à se rendre utile.

Il est accompagné d'une liste de travaux utiles.

L'intention modeste de l'Auteur.

Il croit que ces divers renseignemens peuvent avoir quelque utilité, et il les donne sans prétention, comme sans présomption. Il ne décide pas, il ne fait que proposer, et laisse à la sagesse des chefs le soin d'apprécier ses idées qu'ils auroient eues sans doute, s'ils se fussent trouvés dans les mêmes circonstances que lui. Il est bien sûr d'avance qu'ils apporteront sur ces détails la solidité qui peut leur manquer, et il n'a voulu qu'y fixer un instant leurs regards.

Les Colonies procuroient à la mère-

patrie beaucoup de richesses métalli- Avantage inappré-ciable des Colonies.
ques, et au commerce une immensité
de richesses en circulation. On sait
que la réalité est précieuse, mais que
la fiction la multiplie, et qu'ainsi les
Colonies étoient autant de pactoles qui
venoient se verser dans l'Europe et y
fertiliser tout ce qui se trouvoit sur
leur passage. On peut, on doit donc
exposer avec courage tout ce qui peut
faire renaître de ses propres cendres
une contrée à laquelle seule on devoit
tant de trésors et de commodités.

Saint-Domingue fixe les regards de Saint-Do-mingue est la première.
toute l'Europe, et en lui rendant
les facultés de reproduire, c'est rendre
à la France ses espérances et tout son
éclat. Saint-Domingue est l'exemple Il donne l'exemple aux autres Colonies.
des Colonies ; en en soumettant les bri-
gands, c'est porter la tranquillité dans
toutes les Antilles, et faire cesser toutes
les inquiétudes qui tourmentent toutes
les Colonies où la rebellion n'a pas

encore éclaté. Déja les Chefs de la France sentent cette vérité politique dans toute sa force, et nous ne faisons sans doute que lire dans leur sagesse. Le temps souffre donc que l'on soit raisonnable ! ...

Elan sincère.

Vive l'heureux retour à l'ordre qui permet d'exposer ce que l'on croit utile à la chose publique ! Vive celui qui l'a rappelé ! Il est au-dessus des louanges, comme il est au-dessus des autres hommes, et les siècles à venir peuvent seuls récompenser ses hauts faits.

N. B. Je n'ai pas pour habitude de mettre mon nom à ce que j'écris. Mais l'on prétend que dans cette occasion l'anonyme seroit une espèce de lâcheté ; qu'en homme libre, je ne dois pas avoir peur de dire la vérité, toute forte qu'elle soit, quand elle sert au bien public ; que n'ayant pas craint les ennemis de ma patrie, il seroit ridicule de me cacher, quand il ne s'agit peut-être que de quelques propos indiscrets de la part de ceux qui ne trouvent rien de bien que ce qu'ils font, et j'ai mis mon nom.

LES ENTRETIENS

D'UN FILS

AVEC L'OMBRE DE SON PÈRE.

HUITIÈME ENTRETIEN.

LE jour ne commence qu'à poindre ; les herbes, brillantes encore des larmes de la nuit, disposent doucement les yeux à s'ouvrir, et les diamans innombrables qui les couvrent, donnent au matin une fraîcheur délicieuse ; les oiseaux essayent d'étendre leurs ailes engourdies par le sommeil, et ne chantent pas encore ; le coq de temps en temps frappe l'air de son long cri

A

mélancolique, et toute la nature touche à son réveil; l'aurore va l'annoncer, en déployant ses couleurs de
safran et de rose.

Je viens sur votre tombe, mon père,
attendre que le soleil pompe les va-
peurs que sa bienfaisance a laissé
tomber le soir, et m'enveloppe, en
les reprenant, de vos saintes émana-
tions. J'en ai besoin pour redonner
à mes esprits l'élasticité que mes malheurs lui ont fait perdre.

Introduc-
tion.

J'ai à traiter une matière importante, qui depuis très-long-temps sert
de prétexte aux projets des méchans.

Je veux en parler avec la plus grande
impartialité, et mériter plutôt le reproche d'une foiblesse désintéressée,
que celui de l'enthousiasme de l'intérêt
personnel.

Il est temps de démasquer les hommes

perfides , et de dessiller les yeux des hommes simples , qu'ils tournent à leur gré , sur un objet que l'on ne connoît presque point en France.

Renversons donc l'échafaudage dressé par le charlatanisme qui se cache sous les couleurs fausses de l'humanité , et qui , sous le masque de la philanthropie , conserve le caractère du bourreau.

Sans cependant prétendre entièrement décider la question , nous mettrons le lecteur en état de la résoudre lui-même.

Il s'agit d'examiner ce qu'est l'escla- Le Sujet. vage dans les Colonies.

S'il conserve la vie à des milliards d'hommes qui périroient de faim , ou que la politique , dans leur propre patrie , livreroit à la mort ; s'il donne à ces mêmes hommes aussi l'existence

A ij

sociale que la philosophie et la religion réclament au nom de l'humanité, de l'intérêt et de la raison, il faut convenir qu'il n'a pas tout le caractère odieux que le fanatisme des philosophes de nos jours se plaît à exagérer.

Oser traiter, ou plutôt ébaucher cette matière devant vous, mon père, dont la philanthropie religieuse était si délicate, c'est annoncer la bonne-foi de mon opinion, et la force de mes raisons.

Première consé-quence. Si donc l'esclavage a l'utilité qu'il paroît avoir, il faudroit le créer dans les Colonies, s'il ne l'étoit déja, ou l'y rétablir, si déja une philanthropie aveugle l'avoit fait supprimer.

Deuxième consé-quence. Un séjour de vingt-cinq ans, et une expérience de tous les instans sur les lieux mêmes, doivent m'avoir fourni sans doute beaucoup d'observations impartiales qui militent en faveur de cet esclavage ; et dans le fait , il n'est un monstre aux yeux d'une partie de l'Europe , que parce qu'il n'y est pas connu.

J'examinerai avec la même impar- Impartialité de l'Auteur; tialité les exceptions qui le combattent , et je ne les négligerai point , tant je desire avoir tort en cette occasion. Mais cette dernière partie sera le sujet d'un autre entretien.

De cette manière j'éclaircirai , je crois , tous les raisonnemens faits à deux mille lieues des Colonies , par des savans de Paris qui n'ont jamais vu la peuplade ni le pays sur lesquels ils versent des larmes avec tant de complaisance , tandis que leurs yeux sont secs pour tous les malheureux qui les entourent réellement , sans les toucher.

D'abord , convenons d'une vérité. Première vérité fondamentale. Les Colonies sont des Etats accessoires devenus indispensables pour les Européens. On ne peut plus se passer dans l'ancien monde, du cacao, du coton, de l'indigo, et sur-tout vivre sans café et sans sucre.

Deuxième vérité du même genre.

Ces états sont d'un prix inestimable par les richesses de leur sol ; mais cependant ils ne peuvent continuer à être riches, que par la quantité des bras cultivateurs, et par la sagesse de l'économie dans leur emploi.

Première observation physique.

Les plus grands Nigrophiles doivent savoir que ces climats sont brûlans et humides, par conséquent mal-sains pour les Européens. Ce fait est sans réplique ; il est dans tous les livres sur les Colonies, de quelque opinion que soient les auteurs.

Deuxième observation sur le même fait.

Ils ne doivent pas ignorer que les meilleurs tempéramens, par la fermentation générale qui y est continuelle, et qui tend sans cesse à la décomposition, y éprouvent des frottemens

mille fois peut-être plus répétés qu'ailleurs , qui par conséquent les usent
beaucoup plus vîte.

Il est presqu'impossible qu'ils n'aient Preuve
d'insalu-
brité
des pays
chauds.
pas appris que les troupes , sur les-
quelles on veille pourtant avec assez
de soin , s'y renouvellent en peu de
temps. C'est au point que sur douze
mille hommes de troupes , j'en ai
vu perdre assez communément neuf
mille dans l'année. Je l'ai vu , je l'ai
observé plusieurs fois. Il est possible
qu'une nouvelle administration remé-
die à ce terrible inconvénient , en ins-
pirant aux hommes de guerre plus de
sagesse et de retenue, eux qui ne voient,
en arrivant dans ces pays, que les délices
de Capoue ; mais ces révolutions sont
fréquentes aussi dans les sociétés paisibles , par la même raison sans doute.

Les gens de robe ordinaires , les
hommes de commerce , et les honnêtes

paresseux qui vivent de peu, dans un repos toujours contraire à l'intérêt d'un état, mais qui se laissent entraîner par les faux plaisirs, y éprouvent à peu-près les mêmes revers.

. Les vieillards blancs de ces pays ingrats sont encore bien jeunes ! On regarde comme un phénomène, le Blanc qui par la vie la plus réglée, ou par une exception vraiment heureuse, peut atteindre à l'âge de quatre-vingts ans, même dans les villes où l'on sait se garantir des ardeurs du soleil et fixer les zéphirs. Ce fait ne peut pas être révoqué en doute.

Vous me permettrez, mon père, de me citer. On me reconnoît pour une des constitutions les plus fortes qu'on ait vues dans les Colonies : eh bien ! moi qui ai vécu long-temps dans ces terribles climats, j'ai passé rarement plusieurs années sans maladies inflam-

toires avec gangrène. Les anciens m'ont
dit avoir éprouvé les mêmes effets.

AINSI, le fait de l'insalubrité de ces
climats est donc certain pour les Européens. Le contester tiendroit de la
mauvaise foi, et je n'écris point pour
ceux qui, comme on le dit vulgaire-
ment, ne croient à rien, si l'on peut
supposer qu'il en existe. *Conclusion.*

L'expérience démontre également,
qu'il est un principe d'activité ardente
dans les Blancs, qui sera, si l'on veut, le
produit de leur éducation, et que je regarde comme naturelle à l'espèce, mais
qui tend indispensablement à les user
plus vîte dans un pays déja destructeur. *Principe d'activité nuisible aux Blancs.*

Cette vérité est encore incontestable
pour ceux qui se donnent la peine de
réfléchir, et qui se sont donné celle de
lui comparer la lenteur et la paresse
naturelle du Nègre. *Lenteur du Nègre.*

Cette tendance continuelle au repos est aussi visible chez lui que la couleur qui le distingue des autres hommes.

Impossibi-
lité
d'employer
les Blancs
à
la culture
coloniale.

Cela reconnu, qu'on nous envoie les ouvriers agriculteurs de la France, de l'Europe; qu'on les choisisse même dans les parties les plus méridionales, que l'on y joigne même encore les naturels blancs du pays, qu'on les mette à cultiver la terre, sur-tout dans la forte chaleur du jour, à chymiser le sucre le jour et la nuit, à manufacturer les cafés dans les montagnes, et l'on verra s'il faut beaucoup plus d'un siècle pour dépeupler l'Europe entière.

Ce n'est point ici une pure supposition, un de ces rêves philosophiques, travaillé avec art dans un cabinet, et si j'ose le dire, la tête sur les mains, et les coudes sur le bureau; c'est une vérité physique déja reconnue et sentie.

On a pensé, comme les Nigrophiles, avant qu'il existât même des Nigrophiles, et l'on a été obligé de renoncer à cette opinion, précisément par cette humanité qu'on donne aujourd'hui pour prétexte, et dont l'enveloppe cache des projets bien opposés.

Enfin, l'essai de se passer d'esclaves, a été tenté plusieurs fois et toujours infructueusement.

J'ai connu moi-même quelques restes de ces émigrations de Blancs, de ces victimes blanches, qu'on recrutoit en Europe pour les Colonies, et connues sous le nom de *trente-six mois*, à cause des trois ans auxquels leur engagement était fixé.

Ces malheureux n'avoient pas besoin de la moitié de l'année pour être des spectres ambulans ; et les Hôpitaux qu'ils remplissoient, absorboient au-delà les bénéfices de leurs travaux, et l'on ne pouvoit les sauver.

Leurs souffrances.

C'est dans ces temps que l'humanité souffroit ! On ne voyait par-tout que des êtres exténués. Les grandes routes étaient couvertes de ces infortunés, qui demandoient des secours aux hommes et leur guérison au ciel.

C'étoit le tableau le plus affreux, le plus insoutenable. On a été obligé, par les vrais principes de religion et d'humanité, d'abandonner ces moyens de culture, et d'en essayer d'autres.

Conduite politique de nos voisins.

Nos voisins faisoient depuis long-temps usage de Nègres cultivateurs ; et nous-mêmes, nous faisions dans ce temps les raisonnemens que les Nigrophiles reproduisent aujourd'hui.

Avec ces raisonnemens, il falloit abandonner les Colonies, qui ont toujours été, qui ne cesseront d'être

lucratives pour la mère-patrie, et nécessaires pour la marine, pour la balance de la force des nations, ou bien
les cultiver à la mode de ceux que nous
critiquions, ou acquérir d'eux les
résultats d'un travail auquel nous répu-
gnions, et dont nous devenions en
quelque sorte les complices même, et
par une fausse délicatesse, qui nous
coûtoit fort cher, sans cesser d'augmenter le mal que nous appréhendions.

Cette question fut long-temps indé-
cise ; il y eut beaucoup d'examens,
de discussions approfondies, et même
les Pères de l'Eglise qui valent certainement bien les Nigrophiles, furent
consultés, et délibérèrent mûrement.

On prit des informations sur la
nature de la traite ; on se mit au fait
des usages de la partie Africaine qui
fait commerce de ses propres sujets.

On s'assura que cette population

étoit excessive, qu'elle surpassoit de beaucoup les ressources de ce pays de feu.

On ne douta plus que cette fécondité qui fait le bonheur d'un peuple industrieux, avoit donné lieu, chez les féroces Africains, à une politique locale qui fait frissonner d'horreur.

Il parut évident que la coutume barbare dont je vais parler en frémissant, étoit fondée sur l'impossibilité de faire vivre une population trop nombreuse, dans des contrées livrées à l'ignorance la plus stupide, où l'on ne connoît ni l'utilité de l'agriculture, ni les ressources du commerce.

Causes des sacrifices humains en Afrique.

C'est en conséquence de cette impossibilité, que les Puissances de ces régions lointaines, sous différens prétextes, et par une politique infernale, avoient imaginé les sacrifices humains et presque sans nombre.

On y est plus féroce même encore Comparai-son. qu'au Malabar; les veuves de ce pays n'étoient jetées dans les bûchers, que pour supprimer l'usage où elles étoient d'empoisonner ou d'assassiner leurs maris, afin de satisfaire leur inconstance naturelle, ou de se venger de la brutalité de leurs époux; mais les Cannibales dont nous parlons n'assassinoient leurs semblables, que pour se délivrer du soin de les nourrir.

Aussi, à la moindre occasion d'événemens marquans, des milliers d'hommes étoient mis à mort.

Telle étoit même la force du pré- Superstition inimaginable. jugé local, que ces malheureuses victimes se présentoient elles-mêmes avec une joie insensée pour subir leurs supplices, dans l'espoir extravagant des récompenses que la superstition leur promettoit pour l'avenir.

Manière
de s'assurer
des faits
avancés.

Consultez les ouvrages sur l'Afrique, faites parler tous les voyageurs, les capitaines négriers, les chirurgiens et les autres passagers qui ont parcouru l'intérieur, les habitans des comptoirs, les Nègres bossals tout fraîchement arrivés de la côte ; et quand vous aurez, comme moi, sans intérêt, sans préjugé, médité sur ce que vous aurez lu , vu et entendu, quand l'examen de plusieurs années , l'interrogation d'une foule d'Africains vous auront constamment donné les mêmes résultats, vous serez obligé , comme moi, de croire aux horreurs que je vais raconter.

Point
de liberté
en Afrique.

Dans ces contrées brûlantes, on ne voit point, proprement dit, de gens libres. On y est plus ou moins esclave.

Ceux qui le sont moins , sont ceux qui aident à gouverner, et qui ont d'autres esclaves, que par imitation ils traitent horriblement.

Le Gouvernement, si l'on peut l'appeler ainsi, est d'une cruauté si raffinée, est un monstre d'une nature si singulière, que les chefs et les rois eux-mêmes, quoiqu'absolus, ont, dans un autre genre, à porter des fers aussi ridicules, aussi inhumains, aussi révoltans que ceux des esclaves ordinaires. *Le gouvernement en est extraordinaire.*

La tradition et le caprice sont les loix de ce Gouvernement monstrueux, et le despotisme y dépasse infiniment les bornes reculées que nous reconnoissons à la barbarie Asiatique. Citons des exemples. *Ses loix.*

Lorsqu'un maître Africain vient à mourir, on enterre toujours avec lui un tiers, et quelquefois la moitié de ses esclaves, sur-tout les plus forts, pour le servir dans l'autre vie. On en fait autant en l'honneur de ceux qu'on appelle chez ces barbares, fils de famille. *Premier trait d'inhumanité politique.*

B

Mais c'est bien autre chose, quand des princes, un fils de roi, ou un roi viennent à décéder. L'énorme fosse où l'homme puissant est déposé, pourroit avec assez de justesse se comparer à l'égoût que les bouchers pratiquent dans leur tuerie ; des milliers d'esclaves sont égorgés sur le bord, et les flots de leur sang bouillonnant vont bientôt soulever le cadavre de leur maître. Aux cris d'allégresse, cette fosse infernale est comblée des cadavres eux-mêmes que l'on y jette, et qui nagent, tandis que les mains de ceux qui seront égorgés bientôt à leur tour, les couvrent d'une terre qui reste long - temps ensanglantée par les victimes qu'elle dévore . . . . Ma plume se refuse à décrire ces horreurs.

Un sacrifice de ce genre ne seroit arrivé qu'une fois sur la terre, qu'il seroit bien propre à soulever tous les cœurs des générations à venir.

Mais quelles bornes fixer à l'indignation, quand on peut se persuader que cet événement épouvantable se renouvelle souvent, qu'il peut être journalier?

En effet, nos relations sur l'Afrique nous apprennent que les cantons très-près les uns des autres, ont chacun leur roi, leurs princes, leurs fils de famille et une foule d'autres maîtres subalternes, qui, à la vérité, rentrent souvent dans l'esclavage, quand le nombre en est trop grand, ou que l'odieuse politique l'exige, mais qui ne laissent pas que d'être toujours fort nombreux. *Observations géographiques et politiques.*

Ajoutez-y les innombrables guerres que se font politiquement les princes et les rois, qui n'ont là des noms sacrés que pour ensanglanter chaque jour l'autel de la nature. Dans ces guerres, *Nature des guerres Africaines.*

B..

on ne fait des prisonniers que pour les égorger sur-le-champ et les manger , ce qui est la conséquence horrible du principe de diminuer sans cesse la quantité des hommes dans un pays sans industrie , et qui ne saurait les nourrir.

Manière d'équilibre d'une politique affreuse.

C'est de cette manière qu'on y tient la population en équilibre avec les productions d'un terrain dont les habitans sont excessivement paresseux , soit de corps , soit d'esprit. La cruauté la plus atroce comme la plus raffinée , est le remède affreux à un inconvénient qui fait le bonheur par-tout, en tirant l'industrie du sein de la misère , les arts du cerveau de l'industrie , et l'abondance des mains laborieuses (1).

____

(1) Si nous voulions faire parade d'érudition , nous pourrions copier une foule de faits publics et parti-culiers , plus horribles les uns que les autres , et qui se trouvent consignés dans les divers voyages de

Robespierre est lui-même au-dessous de la politique de ces pays sanguinaires. Il ne veut que guillotiner une grande partie de la nation, ou la faire fusiller, pour assurer son systême, et encore voit-on beaucoup de militaires Français se refuser à ces horreurs. En Afrique, on tue indifféremment tous les plus forts, et les guerriers ont la férocité d'en faire leur nourriture. Comparaison en faveur de Robespierre.

Tel étoit le régime antique des Africains, quand la traite parut. Ce que l'humanité n'avoit pu inspirer, l'intérêt le produisit, et la vente des hommes fit cesser à l'instant les innombrables assassinats de cette nation naguères-anthropophage (1). Premier événement heureux de la traite.

l'Afrique. Mais nous évitons les répétitions, et nous n'assurons que ce qu'il nous est impossible de ne pas croire, par les précautions que nous avons prises.

(1) Dans ce moment même, l'anthrophagie est encore générale en Afrique, et la traite n'a pu

Hommage au premier qui inventa la traite.

Il suffit donc d'être un peu instruit de la vérité des faits, pour être convaincu que loin d'être en exécration, le premier qui a imaginé la traite, est l'homme du commerce qui mériteroit des autels parmi ces hommes qui font un étalage si fastueux de leur compassion.

C'est le premier philanthrope.

Cet homme est donc le meilleur philanthrope, puisqu'il est le sauveur d'une foule de peuples qui se perdoient pour l'univers entier, que des tourmens qui font tressaillir l'imagination, rendoient à la terre, après l'avoir arrosée de leur sang inutile.

Ce bienfaiteur des Africains proposa de remplir les intentions des Gouver-

---

l'anéantir entièrement ; tant il est vrai que ces nations ont le goût naturel pour le sang humain. Il ne faut donc pas regarder comme incroyable le caractère de férocité qu'ils montrent dans nos Colonies ; il faut donc se persuader qu'ils n'y sont que contenus, et qu'à la première occasion ils reprennent leur naturel sanguinaire.

nemens d'Afrique , aussi cupides que cruels , et convint d'un prix de rachat.

A ces conditions commerciales , les despotes noirs consentirent à l'émigration qui s'accrut bientôt au profit de la sainte humanité , de l'humanité raisonnable.

Condition de la traite.

Que les enthousiastes de la philanthropie du siècle se comparent donc à cet homme qu'ils qualifient du nom ridicule de *vendeur de chair humaine*.

Dénomination ridicule de *vendeur de chair humaine*.

Tous leurs raisonnemens forcés vaudront-ils le prix du captif qui fut acheté le premier ? Eux qui prennent tant de soin pour des êtres qu'ils ne connoissent pas ! eux qui en sont éloignés de plus de deux mille lieues ! eux qui ont à leurs portes , dans leurs greniers , dans leurs caves , de malheureuses familles qui feroient plus de cas de leur bourse que de leur logique ! eux qui déclament contre les Colons ,

Juste indignation contre les Nigrophiles

et qui sont les premiers à consommer les denrées des pays qu'ils méprisent ! eux qui versent des larmes à commandement sur le sort des Nègres ! eux qui parlent avec tant d'éloquence de la sueur et du sang qu'ils supposent si abondans pour se procurer nos revenus ! eux qui fortifient enfin leurs déclamations de nos sucres , et qui ravivent leurs beaux esprits dans le parfum de nos cafés !

Leur premier motif. En vérité, ces gens qui parlent assez éloquemment pour se faire admirer, consultent sans doute plus le plaisir de s'attirer des louanges dont on couvre leurs discours, que l'humanité et la justice qui devroient être la base de leurs sermons philanthropiques (1).

____

(1) Les philosophes, ou plutôt les *déraisonneurs* sur les Colonies, disent dans leur opiniâtreté : *Je verrois de pareils faits que je ne les croirois pas;* et quand ce sont des Blancs comme eux qui font

Que leur en coûte-t-il en effet pour disposer de la propriété des Colons? Quelques heures de travail pour enfanter des phrases pompeuses qui leur promettent l'immortalité, et sur-tout une grande part, souvent, dans les dépouilles des malheureux qu'ils réduisent à la plus affreuse misère.

Que voit-on à leur tête? Des hommes de nom, ou des hommes puissans, de nos jours, à peu près semblables à ceux dont j'ai parlé dans mes premiers entretiens, et qui veulent

profession d'humanité, ils croient, sans l'avoir vu, qu'ils sont cruels. Ils veulent que les Nègres seuls soient les meilleurs gens du monde. Quand tous les jours, dans leur impatience, ils maltraitent leurs domestiques blancs comme eux, ils écrivent froidement que les Colons sont des monstres; quand ces derniers ont une patience angélique pour leurs esclaves. Dieu me préserve d'être philosophe, puisque la philosophie n'est plus que l'art de bien parler et de mal agir !

achever de bouleverser tout , pour assurer les projets de leur intérêt personnel.

Le premier acte de la traite est un bienfait.

Osons donc être vrais , et disons
que le premier acte de la traite des
Nègres fut un bienfait.

Première Société naturelle des Nigrophiles

Dans ce temps il se forma aussi une
société , la première des Nigrophiles et
la plus raisonnable , puisque sans l'enthousiasme qui aveugle toujours , elle
favorise les uns sans écraser les autres.

Sa bienfai-sance.

Elle a sauvé la vie à un milliard
d'hommes malheureux , sans avoir
ruiné ou fait égorger un seul homme
pour achever cet ouvrage immortel.
Elle a fait plus encore , elle a tourné
tous les intérêts particuliers vers ce
grand but; en sauvant les uns , elle
a enrichi les autres , et tout le monde,
par ce système de la vraie sagesse , y
a trouvé son avantage.

Les Puissances qui ont adopté ces vues de la traite, avoient donc le sentiment de l'humanité la plus agissante, et tous les Gouvernemens, propriétaires de Colonies, qui les ont favorisées, n'ont donc fait qu'imiter une des meilleures actions. Juste adoption de la traite.

Je ne parle point des avantages immenses qui en sont résultés pour la Marine en général; ils ont formé de bons Matelots et d'excellens Officiers. Son avantage pour la Marine.

Il est prouvé que notre navigation lui doit ses progrès, et que jamais elle n'a été si savante que depuis ce commerce, tout à-la-fois politique et humain. Pour la Navigation.

Je ne parlerai pas non plus de la quantité des Manufactures que cette traite a fait établir en Europe, et qui nourrissent tant de pères de famille, plusieurs millions d'ouvriers qui périroient de misère aussitôt que cette traite seroit entièrement abolie. Pour les Manufactures.

Un plus grand motif encore de la traite.

Ce ne seroit pour moi-même que de foibles considérations, si la base de l'esclavage dans les Colonies Françaises n'étoit que le vil amour de l'argent, ou si les Colons étoient des monstres capables de toutes les horreurs qu'on leur impute.

Examen du Nègre dans la condition de l'esclavage.

Examinons donc le sort de ces Nègres qu'on affecte de trouver si malheureux.

Ses obligations naturelles.

Il faut préalablement convenir que les hommes arrachés à la mort, dégagés des lourdes chaînes de leur pays natal, qui coûtent tant de frais et de dangers pour les aller chercher, tant d'argent ou d'échange pour leur rançon, devoient bien, sous tous les rapports de la politique, de la nature et de l'humanité, être de quelque utilité à leurs libérateurs, pour mettre ces derniers dans la possibilité d'en racheter à mesure de certains bénéfices.

Il seroit ridicule de penser qu'on leur dût une générosité assez forcée pour les admettre chez nous, sans qu'ils fussent obligés de supporter dans leur proportion la charge publique.

Il ne le seroit pas moins de s'exposer ainsi, sans une compensation quelconque, au risque de mélanger le pur sang des Français.

Hélas ! ce sang n'est que trop mélangé dans les Colonies, et cette corruption ne gagne que trop toutes les parties de la France.

Un peu plus, et ce mélange, déja trop commun, ira jusqu'à dénaturer le caractère de la nation, et l'on verra, si je puis m'exprimer ainsi, des Mulâtres en morale comme en physique. On substituera une nation à une autre, et j'ose assurer que le remplacement ne dédommageroit pas le monde de notre perte.

Moyen naturel de l'Esclave pour témoigner sa reconnoissance en politique.

Quoi qu'il en soit, il n'est pas contre l'humanité de dire qu'il falloit que ces Nègres, délivrés de tant de maux, témoignassent leur gratitude par tous les moyens qui sont en leur pouvoir. Mais dans quel genre pouvoient-ils être utiles ?

Naissance et vie des Africains.

Ils naissent et vivent chez eux comme des bêtes brutes ; je parle sans exception et sans exagération. D'ailleurs, leur politique, fondée sur la pénurie des moyens actifs de l'industrie, achève de les perpétuer dans cette ignorance absolue.

Leur ineptie. Leur insipidité.

Je puis donc assurer qu'on n'a pas d'objet de comparaison pour donner une idée de leur apathie, de leur négation d'idées, quand on les amène dans les Colonies. Il faut l'avoir vu pour y croire.

Ce qu'est un Nègre bossal.

C'est au point que pour exprimer l'homme dépourvu de bon sens, même d'un instinct naturel qui veille à la conservation de tout animal, et qui paroît vide de toute idée la plus ordinaire, on dit : *il est comme un Nègre bossal*, c'est-à-dire, comme un Nègre de traite qui vient de débarquer.

Quelqu'âge que soit un pareil Nègre, il a la mutinerie, les caprices et l'extrême mal-propreté d'un enfant malade. Cet état pénible dure ordinairement trois ans, et il faut que l'habitant ait bien de la patience, des soins inimaginables, pour ce qu'on appelle improprement *acclimater* cette espèce d'êtres. J'expliquerai bientôt le mot d'*acclimater*. Son état quand il arrive dans les colonies.

Que faire encore d'un pareil homme, si les soins les plus minutieux donnent le bonheur de le rendre propre à quelque service au bout de trois ans ? La longueur du t..mps pour fixer sa santé.

On ne peut qu'espérer de l'employer un jour à remuer la terre sous l'ins- La pesanteur de sa conception.

pection de quelques maîtres; encore est-il long-temps de la plus médiocre utilité. S'il est jeune, on conçoit l'espoir d'en faire quelquefois un ouvrier; mais il est toujours d'une foiblesse extrême dans le métier qu'on lui donne. Si l'on en fait un maçon, il n'est jamais Sa médiocrité dans les choses les plus ordinaires. guères qu'un manœuvre. S'il est charpentier ou menuisier, il n'est jamais capable de savoir débiter le bois, et on ne l'emploie que dans les gros ouvrages.

Ce n'est donc enfin qu'après beaucoup d'années que le Négre bossal peut devenir d'un certain prix, si, toutefois, il n'est pas très-mauvais sujet, indocile, paresseux à l'excès, capable de tous les crimes, sans honte, presque toujours marron, et presque toujours incorrigible.

Peines incroyables du maître. Je le demande à présent, quel Nigrophile voudroit être, je peux le dire à la lettre, son valet, comme je

l'ai été, comme tous les habitans l'é-
toient, son complaisant, son garde-
malade? Le seroit-il pendant trois ans
de suite? Le seroit-il de dix, de vingt,
de cinquante, de cent, de deux cents
Nègres, et d'une plus grande quantité
encore? Consentiroit-il à passer sa vie
dans ce dégoûtant métier, pour le
seul plaisir de faire le bien?

Dans le fond, quel autre qu'un
maître peut les soigner comme ses enfans, avec cette exactitude de jour et
de nuit que leurs premières années
dans les Colonies exigent indispensablement? *Ses fonctions paternelles.*

Quel autre qu'un propriétaire qui
les achète fort cher, seroit, le plus
souvent par lui-même, et le reste du
temps par la plus grande surveillance,
leur cuisinier, leur blanchisseur, leur
baigneur; qui consentiroit à être leur
véritable esclave, pour consulter leurs *Faits étonnans du Maître.*

C

goûts, leus caprices, pour supporter
leur odeur fétide et naturelle, leur
mal-propreté continuelle, leurs muti-
neries, leurs grossièretés pendant si
long-temps, et tous les dégoûts attachés à leur espèce? Que le Nigrophile,
capable de ce courage, se montre...
qu'il vienne me démentir par les faits!

Ne faisons pas les hommes meilleurs
qu'ils ne sont; n'exigeons d'eux que
ce qui est en leur pouvoir, dans la
nature; et sans examiner ce qu'ils
devroient être, ne parlons que de ce
qu'ils sont. La nature qui les pétrit,
mêle inégalement la composition du
limon qui les forme; elle voile aussi les
causes qui les font agir, et il ne nous
est pas donné de pénétrer ses mystères.

Rien n'est plus aisé que de faire des
hommes parfaits dans un livre, et
celui qui les fait si beaux, tend plus
lui-même à sa réputation qu'à la per-

fection des autres. Les faiseurs de héros se sont montrés quelquefois des gens bien vils !

Après avoir donné une idée, quoique bien foible encore, des peines incroyables que les Nègres sortant de bord donnent à leurs propriétaires; après avoir fait appercevoir les premiers actes d'hospitalité qu'ils reçoivent dans nos Colonies, nous pouvons jeter un coup-d'œil sur les loix qui veillent à leur destinée. Préliminaire qui conduit au Code noir.

Dans leur propre pays, ils sont tous esclaves, dans toute la force du terme. Chez nous, ils n'en ont que le nom, adouci par une bienveillance vraiment paternelle, et acquièrent, ce qu'ils n'ont jamais chez eux, l'espoir d'être vraiment libres par leur bonne conduite. Différence de leur condition en venant dans nos Colonies.

Dans leur propre pays, ils n'ont pour maîtres que de vils esclaves, grossiers,

C.

sans éducation, sans principes, sans idées qui tiennent à la raison de l'homme; que des sauvages qui souvent vivent de chair humaine. Dans nos Colonies, les maîtres sont généralement instruits, civilisés, par conséquent humains.

Dans leur propre pays, les maîtres ont sur eux le droit barbare de vie et de mort. Dans nos contrées coloniales, personne n'a le droit de les mutiler. La loi prononce des peines très-sévères contre les maîtres inhumains. Qu'on ouvre les greffes, on verra plusieurs propriétaires d'un caractère féroce, mais en petit nombre heureusement, qui sont déclarés *incapables d'avoir désormais des esclaves.*

Dans leur propre pays, la fantaisie et le caprice ou l'intérêt seul décident de leur sort : dans les Colonies, ils sont expressément mis par les loix *à la charge des maîtres.*

Dans leur propre pays, ils sont entièrement nus, et ne mangent, en général, que des racines que la bonne nature leur donne sans culture, ou que de vils animaux qui s'enfoncent peu dans la terre, ou qui rampent sur elle : dans nos Colonies, outre l'humanité et l'intérêt des maîtres, la loi impose l'obligation de les vêtir et de les nourrir convenablement. Les magistrats veillent particulièrement à l'exécution de cette loi qui punit sévèrement les infracteurs.

Dans leur propre pays, ils sont jour et nuit exposés aux intempéries de l'air; ils n'y ont d'autre lit que la terre, et d'autre abri que l'ombrage des arbres, ou quelques cahutes formées de branchages, et cimentés de boue. Chez les Colons, ils ont des cases que l'amour-propre même du maître orne d'une manière avantageuse, où ils trouvent des lits sains et des ustensiles commodes.

Dans leur propre pays, quand ils sont malades, ce qui arrive très-fréquemment, ils sont abandonnés à la nature, et se livrent à leurs goûts dépravés, en dévorant la terre même qui doit les engloutir ; ils périssent faute de secours. Chez nous, on sait que le luxe des hôpitaux va jusqu'à l'excès ; que ces bâtimens sont presque toujours les plus beaux d'une habitation ; qu'on y attache des médecins et des chirurgiens qu'on paye fort cher, et qu'on n'y économise jamais sur les drogues qui s'y renouvellent sans cesse.

Dans leur propre pays, ils sont sans principes, et je dirai même, sans ces conceptions primitives qui annoncent pour l'avenir les formes de l'entendement humain, et celles d'une sensibilité raisonnable. Ils sont sans mœurs,

et les moins bruts n'y connoissent
d'autre culte que l'adoration imbécille
de quelques animaux qu'ils redoutent :
dans nos colonies on les humanise,
et on leur fait connoître le vrai Dieu.

Dans leur propre pays enfin, leur
langue est très-abrégée ; ayant à peine
la faculté de penser, ils n'ont besoin
que de peu de mots : mais chez les
Colons, ils apprennent à parler, à
étendre la faculté de penser naturelle
à l'homme, et qui se resserre ou s'a-
néantit même faute d'exercice. En un
mot, on en fait des hommes qui comme
nous sentent ce qu'il y a de charmes
relatifs dans le commerce de la vie,
et la science qui rend heureux, est
sans contredit la première de toutes.

Il seroit possible, sans doute, de
pousser beaucoup plus loin la comparaison de leur état de brute dans leur
pays, avec celui qu'ils acquièrent dans

Discrétion
sur les faits
à comparer.

le prétendu esclavage de nos Colonies ;
et je ne craindrois pas le reproche de
l'exagération.

Mais j'ai le projet d'être au-dessous
du nombre des preuves du sujet que
j'indique plus que je ne le traite, et
j'en ai dit suffisamment pour montrer
combien ces prétendus esclaves gagnent
à nous servir, combien ils sont malheureux dans leur patrie marâtre,
combien ils seroient à plaindre sans le
résultat heureux de la traite.

Maintenant faites cesser la traite,
que les autres nations qui la font y
renoncent aussi ; qu'imitant toutes,
enfin, notre humanité cruelle, on
n'aille plus, au milieu de tant de
périls, après d'immenses dépenses,
chercher et payer en Afrique ces malheureux captifs, qu'arrivera-t-il ?

La population Africaine va de nouveau surcharger les lieux qui la verront

renaître avec regret. L'ignorance ne saura pas imaginer les moyens de substanter ce nouvel accroissement, et les anciennes horreurs vont recommencer.

Ces hommes, que la délicatesse supposée des Nigrophiles, ne veut plus employer à nous servir, vont tomber dans le véritable esclavage... Pour arracher à quelques-uns le nom seul d'esclave, leur nation va revoir l'esclavage le plus opposé aux principes si fastueusement mis au jour, et redevenir les victimes de la barbarie anthropophage.

Leur ignorance va s'y épaissir plus que jamais, puisqu'il n'y aura plus la moindre des communications que le commerce y nécessitoit, et ces hommes privés de principes, de mœurs, de religion, comme de secours et de lumières, vont comme bien d'autres, et beaucoup plus encore, prendre la superstition pour la vérité, tomber dans les excès les plus affreux, et se changer en tigres pour déchirer et dévorer tout !

Qu'arrivera-t-il encore de l'abolition de la traite ? Les manufactures destinées pour ces climats lointains vont tomber.

Alors combien de malheureux ouvriers, et leurs familles, sans subsistance ! que de matelots et de pères de famille sans occupation ! que de personnes dans la misère et le désespoir ! que de mécontens dans toutes les classes ! quelle obstruction, quel embarras dans les rouages de la machine politique de l'Europe !

Ce qui a déterminé, nécessité la traite, reparoîtra avec plus de force que jamais. Les plus grands malheurs atteindront les deux plus importantes parties du monde, l'Europe et l'Amérique, et l'Afrique ne contiendra, suivant son antique usage, que des scélérats et des victimes.

Voilà pourtant les conséquences évidentes des raisonnemens travaillés avec art, qui sortent de la fabrique des Nigrophiles.

Ils auront sans doute un grand avantage sur nous, si l'on ne consulte que l'éloquence perfide ; mais nous ne les craignons pas, s'il ne s'agit que de la vérité, de l'expérience et de la certitude des faits.

Nous ne hasardons rien, et nous faisons le sacrifice de la parure, de l'abondance des réflexions oratoires, que nous pourrions comme eux, peut-être, rendre avec emphase ; mais nous n'avons pas le projet de subjuguer, nous n'avons que celui de convaincre. On subjugue le cœur par des

Réflexion qui dérive naturellement du sujet.

tableaux imaginaires et colorés de sensibilité, et la raison ne se laisse vaincre
que par des faits et des argumens for-
tifiés ou embellis seulement par la
vérité. Nous sommes simples, parce
que nous sommes vrais, parce que la
vérité n'a pas besoin de cette aménité
qui n'est que fausseté et foiblesse, et
que notre cœur ne pourroit pas, comme
les Nigrophiles, soutenir avec effron-
terie ce qui est évidemment contre la
bonne-foi.

Ces hommes si humains, qu'on
nomme Nigrophiles et Philanthropes,
veulent-ils abandonner les peuples
Africains, livrer une infinité de générations successives aux horreurs de la
superstition, de l'ignorance et de l'ir-
religion, pour faire jouir quelques
individus de la génération actuelle
d'une liberté absolue, dont si peu
d'hommes instruits sont dignes eux-

mêmes ? Hé bien ! voyons ce qui doit en résulter , et ce qui en résultera. C'est amener insensiblement à la preuve que nos adversaires ne sont animés eux-mêmes que d'une superstition vraiment aveugle.

Oublions un instant l'indignité de la violation des propriétés , et l'horreur qu'il y a de rendre malheureux des maîtres , pour favoriser des esclaves façonnés au joug, et qui sont vraiment heureux dans le sens matériel, et n'examinons que le Nègre esclave , devenu subitement libre.

Aussitôt que la liberté générale sera prononcée, ces nouveaux libres voudront jouir. Le premier acte de cet affranchissement, sera de ne plus travailler, et de regarder le travail comme insupportable.

Le Nègre est naturellement paresseux ; il apporte originairement cette disposition, nuisible par-tout, de son pays sauvage; et le père forme le fils à sa nonchalance, de sorte que le repos, ou plutôt le vice de l'oisiveté, devient de génération en génération sa première ambition, et sa plus grande jouissance dès qu'il est libre. Ainsi, sans parler de quelques exceptions que je ne connois point, il est à croire que son premier sentiment sera de jouir de sa liberté pour ne plus rien faire.

La faim le tourmentera-t-elle? Son caractère naturel le portera nécessairement à voler son voisin, et le Blanc aura toujours la préférence, puisque c'est lui qui travaille le plus.

Supposons que les Blancs soient en assez grand nombre pour arrêter les rapines et les brigandages des Nègres.

Dans ce cas seulement, ils planteront quelques patates, quelques ignames, quelques bananes, un peu de manioc,

qui viennent sans soin ; ou ils s'entre-
voleront pour subsister, comme ils le
font certainement dans leur mère-
patrie.

Ils ne feront rien autre chose en plus
grande partie, si même ce n'est pas en
général, et c'est en vain que les Nigrophiles flattent leur imagination de l'espoir de voir les Nègres perpétuer la
culture des denrées coloniales, sans
l'assistance des Blancs ; ils n'en auront
ni le talent, ni même la volonté.

Ceux qui connoissent comme moi
cette nation indolente, conviendront
que je n'exagère point.

Oui, quand les Nigrophiles ne verront plus rien venir de l'Amérique, ils
se convaincront de la sottise de leurs
grands raisonnemens.

Aussi, je les compare aux Pytha-
goriciens qui soutenoient leur système
de mauvaise-foi, aux disciples de

Zénon , qui nioient le mouvement ,
lors même qu'ils marchoient et man-
geoient.

La nigrophilogie n'est donc réellement qu'une singularité à la mode,
qu'une idée brillante sans solidité,
qu'un moyen aisé de s'attirer les cœurs
qu'elle intéresse , et de cacher peut-
être des projets contraires au bien
public.

Dans le fait, que deviendront alors
les colonies ? Un repaire de mauvais
sujets , formant, comme en Afrique ,
des gouvernemens monstrueux, et qui
finiront bientôt, faute de population
et de l'émigration Africaine.

Maintenant nous devons peser sur
un terrible inconvénient que fera naître
sur-le-champ la première proclamation
de la liberté générale.

C'est la suppression subite des hôpitaux d'habitations , de ces soins

rigoureux et pénibles qui conservent et perpétuent la vie des esclaves.

Ainsi l'on peut s'affliger d'avance ; on verra une moisson abondante de ces hommes devenus libres aux dépens de leur bonheur et de leurs jours. *Moisson de morts.*

Dans le fond, qui , alors, aura cet intérêt inquiet de les conserver ? qui pourroit le faire ? *Plus d'intérêt à la conservation du Nègre.*

En effet, les dépenses absorberoient les bénéfices, du moment qu'il faudroit salarier les esclaves dans un pays où tout est nécessairement cher. *Considération sur les dépenses.*

En supposant qu'on louât leur travail à la journée, eh bien ! l'on feroit à leur égard ce que les Nigrophiles eux-mêmes font vis-à-vis des ouvriers qu'ils emploient dans leur pays ; on ne s'en serviroit qu'en bonne santé, et on les renverroit sitôt qu'ils seroient hors de service. *Calcul en conséquence.*

Ce que ces citoyens de nouvelle *Misère de l'Esclave*

D

devenu subitement libre.

fabrique auroient gagné par jour, outre leur facilité à dépenser, pourroit-il être assez considérable pour faire une réserve, non-seulement en cas de maladie, mais même pour la nécessité d'une vie douce ?

Calcul d'une sucrerie et son véritable bénéfice.

Pour se convaincre de cette impossibilité, il suffit de faire attention que la meilleure sucrerie, toutes dépenses prélevées, ne rapporte guères plus de quatre et demi pour cent, quoiqu'elle n'ait point de journées à payer, et que tout y soit réglé avec une économie admirable.

Conclusion. Impossibilité de salarier les Esclaves cultivateurs des Colonies.

Que l'on suppose la nécessité désormais de payer des journées, que l'on ajoute le prix le plus bas et le plus raisonnable pour ce nouveau salaire, une habitation, loin d'être profitable, ne sera presque plus qu'à charge à son propriétaire.

Cette habitation peut-elle être alors

d'une véritable ressource pour ces hommes nouvellement libres ?

Quel est aussi le capitaliste, quel-que Nigrophile qu'on le suppose, qui sacrifiera sa fortune, qui consentira, de gaîté de cœur, à se mettre à la mendicité, pour soutenir d'une manière convenable cette race d'esclaves? Fera-t-il pour des usurpateurs Africains, pour une couleur naturellement ennemie de la sienne, ce qu'il ne feroit pas pour ses semblables, pour ses amis, et peut-être pas même pour ses enfans? Ce dévouement n'est ni dans la morale, ni dans la nature.

D'un autre côté, où sont les fonds publics pour entreprendre des hôpitaux généraux dans les Colonies ? Pourra-t-il y en avoir, quand les terres ne rapporteront presque plus rien pour le commerce ?

Enfin, quels sont les administrateurs

D.,

Nigrophiles de ces hôpitaux, qui auront les soins paternels d'un habitant propriétaire ?

Digression sur la charité publique. La charité n'est pas prodigue. Si elle est libérale en conseils, elle ne l'est guères en actions. Elle donne plutôt des larmes que de l'argent aux malheureux. Elle fera de belles phrases; mais l'éloquence n'est pas souvent un moyen de subsistance, même pour celui qui la débite.

Erreur des Nigrophiles de bonne-foi. Ainsi les Nigrophiles, en les supposant tous de bonne foi, allument leur imagination au feu souvent trompeur du desir.

Leurs romans ne peuvent donc capter que l'homme simple, qui, comme la plupart d'entr'eux, n'a jamais été sur les lieux dont on lui parle.

Ils ne peuvent séduire que les sots et les ignorans. Mais ils ne séduiront jamais, ou les hommes sensés qui ne jugent point sur les belles expressions, ou les personnes qui ont l'expérience de la chose même.

Je vais me citer encore en cette occasion.

J'ai acquis la réputation d'un *gâte-nègre*, et celle de *protecteur* des mulâtres. Ce n'est pas l'envie de m'être favorable qui m'a fait qualifier de cette manière. On avoit toute autre intention, et en vérité, je m'en occupe peu.

Dans le fait, je puis être regardé comme tel depuis 1776 que j'ai des esclaves, et que je suis témoin de la mauvaise conduite des Blancs sans éducation, envers les gens de couleur libres.

Ces Blancs grossiers et durs soutiennent leurs esclaves dans toute leur insolence, et les gâtent eux-mêmes, mais dans le sens opposé à la chose publique.

Au vrai, il suffit d'être propriétaire

d'une chose, pour l'aimer et la faire valoir.

L'homme du commun traite son esclave avec le même intérêt et le même ménagement qu'il a pour ses animaux.

Mais il en résulte que l'esclave trouve même un protecteur, un appui dans le maître qui le traite avec orgueil, et même dans celui qui maltraite les gens de couleur libres.

L'esclave est généralement plus heureux que l'Affranchi.

Aussi les esclaves m'ont toujours paru plus heureux, au fond, que les affranchis.

Opinion de l'Auteur.

Pour moi, je le confesse, j'ai toujours regardé l'esclave comme un homme utile, envers lequel on doit être bon sans foiblesse, et l'affranchi, comme un citoyen qui peut être utilisé et mériter des égards, et jamais une familiarité extrême : je n'ai donc pas eu besoin de la révolution pour devenir meilleur envers ces hommes; il suffit que je sois ce que j'étois, et sans efforts, sans bassesse, sans politique, je suis ce que je dois être. Je ne les regarde pas comme mes égaux, la nature et la raison me le défendent; mais je les traite comme je les ai toujours traités, c'est-à-dire, comme la nature et la raison l'exigent.

Sensible comme je le suis, je voudrois que les fables des Nigrophiles se réalisassent, que tous les hommes de la terre fussent libres et parfaitement libres. Ce seroit la preuve qu'ils seroient tous également raisonnables; mais malheureusement c'est un de ces beaux rêves que les passions et la constitution naturelle de l'homme ne permettent jamais de voir en réalité. C'est une de ces bluettes de l'imagination qui nous crée un aimable portrait dans le sommeil, et qui, au réveil de la raison, ne nous laisse que le regret de l'avoir enfanté.

Sage politique de la liberté et de l'égalité prononcées par la loi.

Les hommes peuvent devenir libres et égaux aux yeux de la loi, parce qu'il ne faut qu'un trait de plume pour cela, parce que le législateur doit peut-être cet attrait, innocemment trompeur, à la folie humaine. Il est d'une fort bonne politique de laisser la porte du temple de la liberté ouverte, mais la garde ne doit y laisser entrer que ceux qui ont les qualités requises. On ne se soucie guères de ce que l'on peut obtenir aisément, et l'on fait des efforts souvent heureux pour ce qui n'est pas facile à acquérir.

Fausseté de la liberté et de l'égalité de Robespierre.

Quoi qu'il en soit, les hommes ne seront jamais libres et égaux comme Robespierre a la mauvaise-foi de le leur promettre. Donner à cette impossibilité l'apparence de la vraisemblance, c'est leur préparer des maux infinis ; c'est vouloir leur faire subir d'avance les supplices de l'enfer.

Il est affreux d'abuser ainsi de la crédulité des hommes simples. Voyez la table de charlatan imprimée sur du carton, que Robespierre fait promener dans les carrefours, et afficher au coin des rues ; elle est déja changée en étal où la chair humaine se débite comme celle des animaux les plus vils ou les plus doux. Cette table, où l'on ne voit que des droits rigoureux et pas un devoir, est un appel aux hommes les plus pervers, et la proscription de l'élite des Français.

C'est avec cette table que Robespierre monte ses échafauds ; il les entoure d'hommes d'une éloquence philoso-phale ou philosophique de nos jours ; et, tandis qu'on égorge ses victimes, ils fascinent les yeux du spectateur qui ne voit pas que son tour viendra bientôt.

Et c'est là être heureux ! c'est là la liberté, l'égalité, l'esprit sublime du républicain ! Est-ce donc désormais par le crime qu'on arrive à la vertu ?

Ah ! Robespierre, tu seras, je l'espère, remplacé par des hommes qui connoîtront mieux que toi la pureté du républicanisme. Plaise à Dieu que ce soit aujourd'hui plutôt que demain ! je supprime donc mes réflexions sur ce monstre qui n'a point d'égal. Les cœurs honnêtes qui me liront, n'en ont pas besoin pour en faire de terribles.

Suis-je insensé, mon père, suis-je extravagant, insensible, dur, cruel, féroce dans mon rapport sur l'esclavage, tel qu'il est dans nos Colonies ? Ai-je offensé la morale et la religion ?

Ai-je, pour soutenir mon opinion, employé des mouvemens d'une éloquence perfide ! Ai-je dégradé la nature, révolté les ames raisonnables ? Ai-je dépouillé l'art pour faire triompher la mauvaise-foi ?

Enfin mon cœur, inspiré plus par l'humanité que par la politique, n'en a-t-il pas fait tous les frais ? Ai-je à rougir d'avoir laissé aller ma plume ?

Et la postérité pourra-t-elle jamais me faire un crime d'avoir, de deux maux, fait voir celui qui, dans la position actuelle des choses, offre moins d'inconvéniens et d'horreurs ?

Non, je ne crains point cette postérité si redoutable. Dégagée de la prévention des contemporains, elle jugera de sang-froid entre les Nigrophiles et moi ; elle décidera lequel est inhumain et barbare.

Pour moi, je ne prêche en tout et par-tout que la tranquillité générale, que le plus grand bien du plus grand nombre, que le bonheur tel qu'il peut être ici-bas. Je fais voir le danger des changemens, et ma logique ne peut coûter une goutte de sang.

Mes adversaires, au contraire, renversent l'ordre, portent par-tout le fer et la flamme, et le sang gagne déja leurs tribunes. Ils font les plus grands efforts pour faire admettre leurs singularités. Ah ! que de trésors nous a déja coûtés leur brûlante éloquence !

Médisances, calomnies, intrigues, atrocités, voilà leurs ressources; et ces moyens sont faits sans doute pour dégoûter de leur système.

Quant à moi, je trempe uniquement ma plume dans mon cœur, et je préfère un esclavage qui n'est désagréable que par le nom, à une liberté qui n'offre que des horreurs.

Quant à eux, ils trempent la leur dans le sang, et profanent le temple

de l'éloquence par le sacrifice même
de la vérité.

Par exemple, ils ont l'indignité de
rassembler dans une page tous les
crimes qui se sont commis en Amérique depuis trois cents ans que nous
en sommes en possession.

Ils placent sous le même coup-d'œil
quelques atrocités des maîtres, et faisant disparoître la distance des temps
par un rapprochement combiné, ils
font, par cette perfidie oratoire, ac-
croire à l'homme ordinaire que c'est
là l'esprit du Colon.

Mais, à mon tour, si j'ouvrois les
greffes de l'Europe, de la France seulement, aurois-je besoin comme eux
d'une tradition incertaine, pour avoir
une liste de crimes répétés et qui feroient
de gros volumes ?

Non, sans doute; je réunirois bien
des atrocités de tous les genres; et sans

être obligé d'user d'anachronismes ou de fictions, sans rapprocher malicieusement les temps, sans charger les tableaux, je trouverois en Europe, dans une année, dans un mois, dans un jour peut-être, tous les crimes qu'on reproche avec plus d'art que de vérité à l'Amérique, et certainement j'y trouverois des crimes bien plus affreux encore !

Car assurément il est bien plus horrible d'égorger avec réflexion, avec une sorte de plaisir, son concitoyen, son ami, son parent, que de tuer par accident ou par colère un esclave insolent et révolté.

Cependant d'après la liste des crimes en Europe, je ne m'aviserai jamais de dire et d'affirmer que c'est là l'esprit de l'Européen.

Je soutiendrai, au contraire, que ce sont des crimes particuliers, qui ne peuvent ni ne doivent porter sur le corps entier des nations de ce bel hémisphère. Ainsi, qui veut trop prouver ne prouve rien, et voilà précisément le cas des Nigrophiles.

J'ai vu, et je n'ai vu que trop souvent, des maîtres tracassiers, excessivement difficiles à servir, très-hautains, très-exigeans, pleins de caprices, et qui font le tourment de leurs Nègres. *Exceptions.*

Quelque petit qu'en soit le nombre, il est toujours trop grand.

Mais j'ai vu pis que cela en Europe, vis-à-vis des hommes qui ne se croient pas esclaves, parce qu'ils n'en ont pas le nom; j'ai vu les Nigrophiles eux-mêmes les traiter d'une manière à exciter les plus grandes révoltes dans nos atteliers. *Hauteur des Nigrophiles envers leurs domestiques.*

J'ai vu dans le pays des Nigrophiles ce que je n'avais encore jamais vu, ce que l'on ne verra jamais, je crois, dans

nos Colonies; j'ai vu plusieurs écri-
vains sur l'égalité , donnant les plus
beaux principes d'humanité, se croire
d'une autre trempe que leurs parens
mêmes, les regarder et les traiter avec
l'orgueil le plus insolent.

D'après cela, il est aisé de pressen-
tir comment ces Nigrophiles doivent
traiter leurs domestiques , et si ces
malheureux ne sont pas plus esclaves
que les nôtres.

En effet , et je l'ai vu , quelle hauteur , quel mépris et quel dédain ils
opposent à la soumission de leurs domestiques ! quel ton , quelle exigeance
et quels ordres ! et les malheureux
paysans, et les journaliers indigens
dont je ne veux point parler....

Nous sommes bien loin de cette inhumanité , et je suis porté à croire ,
parce que j'ai vu constamment de la
part des Nigrophiles, que s'ils étoient

comme nous dans l'impossibilité de renvoyer leurs domestiques , ils auroient toute la cruauté qu'ils supposent à quelques Colons.

Les Nigrophiles raisonnent donc évidemment mal sur ce qui est loin d'eux ; ils sont donc aveugles sur ce qui les touche de près , ils donnent donc tout à leur imagination ; leur conduite est donc bien opposée à leur logique , et ils valent donc encore moins que ceux qu'ils critiquent.

Comme vous le disiez vous-même , mon père, il n'est de bons prédicateurs que ceux qui prêchent d'exemple.

En effet, rien n'est plus aisé que de parler comme les Nigrophiles , quand on est, comme eux , ou d'une mauvaise-foi insigne , ou d'une ignorance honteuse sur cette matière.

S'il en est pourtant dont le zèle soit sincère , c'est être bien imprudent au

E

moins, de parler de choses que l'on ne connoît pas, et ceux qui sont de mauvaise-foi, causent bien des maux à l'humanité, en échauffant les esprits par leur perfide magnétisme.

Je veux donc les pousser et les poursuivre jusques dans leurs derniers retranchemens.

1.º Qu'ils proposent à ces mêmes Nègres pour lesquels ils font faire la guerre à leurs propres concitoyens, pour lesquels ils font verser tant de sang aujourd'hui, qu'ils excitent et encouragent dans l'égorgement de leurs anciens maîtres, qu'ils leur proposent

de les renvoyer en Afrique, de les rendre à leur mère-patrie, cette mère-patrie dont on suppose avec tant de malignité qu'on les arrache avec cruauté......

Je garantis la réponse des esclaves, s'ils ne sont pas préparés par quelque intrigue à la mode.

Ils répondront qu'ils en seroient Réponse.
bien fâchés ; qu'ils aiment mieux être
esclaves comme ils le sont dans nos
Colonies , que libres, comme on l'est
dans leur propre pays.

Je suis d'autant plus sûr de cette Motif de l'Auteur pour croire à cette réponse.
réponse , que moi-même j'ai fait sé-
rieusement cette proposition à un assez
grand nombre d'esclaves dont je pou-
vois disposer , et qu'ils m'ont répondu
en créole ; ce que je viens de traduire
en français.

2.º Qu'ils proposent la liberté géné- Autre demande à faire aux esclaves.
rale aux esclaves ; mais avant de la
leur donner , qu'ils leur parlent clairement.

Qu'ils leur disent positivement , Déclaration franche.
franchement , qu'aussitôt cette liberté,
ils ne mangeront plus , ils ne subsisteront plus que par leur travail ; qu'ils
ne seront plus que de purs journaliers ;
que désormais leur famille sera à leur

charge, qu'ils n'auront plus d'hôpitaux sur les habitations, plus de soins, plus d'intéressés particuliers à leur existence; qu'ils seront obligés de faire tout par eux-mêmes, ce qui est nécessaire à la durée et aux douceurs de la vie; que malades, estropiés, vieux et sans fortune, ils seront abandonnés à la charité peu donnante du public, ou aux soins toujours parcimonieux de quelques hôpitaux de l'état qui n'engraissent, le plus souvent, que leurs administrateurs....

Réponse naturelle des esclaves. Je garantis encore leur réponse; car elle m'a déja été faite par un nombre incalculable de Nègres qui n'avoient pas encore la tête gâtée.

Ce qu'ils ont déja dit. Ils ajouteront ce que plusieurs Nègres révoltés m'ont dit à moi-même: *c'est diab' yo mété dans têt' nous !*

Réflexion à cet égard. Oui sans doute, c'est le diable qu'on leur met dans la tête ! rien n'est plus diabolique en effet que le stratagême des Nigrophiles , de ces hommes outrés qui donnent la liberté aux esclaves pour être les bourreaux de leurs maîtres , qui changent affreusement les choses , qui veulent pour ainsi dire , changer le noir en blanc , et le blanc en noir.

Etoit-ce cela qu'il falloit faire ? étoit-ce comme cela qu'il falloit le faire ? ^{Questions.}

Qu'on eût cherché à adoucir encore plus le sort du Nègre , tous les cœurs honnêtes se réunissoient pour une opération si digne des ames humaines. Mais la liberté subite qu'on leur donne, devient nécessairement la mort subite pour eux , et détruit le travail qu'on ne peut obtenir dans les pays chauds que par la contrainte , que par l'esclavage. ^{Ce qu'on pouvoit faire.}

Une fois que la fièvre de cette liberté ^{Suite de la liberté.}

se sera refroidie, il ne leur restera plus qu'un état de langueur où ils se rappelleront en vain leurs premiers maîtres.

Regrets superflus. Ces derniers auront été égorgés par eux, ou excédés de misère par les Nigrophiles qui ont la hardiesse de se donner le vénérable nom de philanthropes.

Justification des Colons. Enfin les Colons sont-ils donc plus coupables que tous les peuples de la terre, qui ont eu, qui ont, et qui auront des esclaves ?

Depuis que le monde social existe, la classe des esclaves existe sous différens noms.

Toutes les nations ont eu les leurs, et l'on sait que les Grecs, que les Romains si vantés pour leur urbanité, si fameux par leurs lumières, étoient des maîtres féroces, et que jamais esclaves n'ont été plus malheureux que sous leur empire.

Ne voyons-nous pas que Thémis- Exemples. tocle, Aristide, Périclès, et tant d'autres philosophes sublimes d'une nation libre, dont nous admirons les vertus, avoient des esclaves dans toute la force du terme ? Voyons-nous qu'ils aient jamais eu la pensée d'en deman- der l'affranchissement ?

Cela doit paroître d'autant plus éton- Grande différence entre nos es- claves et ceux des anciens. nant, que ces esclaves n'étoient pas des Nègres, qu'ils étoient blancs comme leurs maîtres, et que beaucoup d'en- tr'eux se sont rendus immortels par leurs ouvrages. Esope, Phèdre, Epic- tète étoient esclaves. Horace, le bon Horace, étoit petit-fils d'un affranchi. Une foule d'autres blancs Grecs et Romains étoient esclaves, et sûrement le moindre de ces esclaves valoit mieux que tous les Nègres ensemble qui ont été tirés jusqu'à présent ; et qui le seront peut-être à l'avenir, de l'Afrique ; pour le service de nos Colonies.

Pourquoi le silence des anciens sur l'esclavage.

Pourquoi donc ces anciens n'ont-ils pas supprimé l'esclavage ? Etoient-ils moins sensibles, moins instruits, moins philosophes que nous ? pourquoi même ne lit-on pas un mot d'eux en faveur de l'esclavage ?

Raison de ce silence.

C'est que l'instruction et la philosophie n'étoient pas anciennement une pure logomachie ; c'est que nos anciens étoient plus raisonnables, plus philosophes que nous ; c'est que la bonne philosophie travaille à corriger les mœurs de l'individu, et point du tout à désorganiser ce que la politique des gouvernemens cimente suivant les circonstances et les localités ; c'est qu'on sentoit la grande difficulté de substituer à une machine en jeu, dont on connoissoit déja les effets, une autre

dont on craignoit avec raison l'épreuve;
c'est qu'alors on ne donnoit rien au
hasard, et que le sentiment, comme
chez nous, ne tenoit pas toujours lieu
de la réflexion; c'est qu'enfin on tenoit
plus à la solidité d'une opération,
qu'au plaisir de se faire admirer.

Allons plus loin. Ne parlons plus de
l'antiquité ; ne citons pas les états
gouvernés par des rois, tels que l'Espagne, le Portugal, l'Angleterre qui
sûrement n'ont pas plus d'intérêt que
nous à rendre leurs peuples malheureux. Passons sous silence Alger,
Maroc, la Turquie et tous les despotes du monde; ne parlons pas même
des meilleures républiques anciennes
qui avoient aussi leurs esclaves, et où
l'esclavage étoit réel.

Nous n'allons considérer que les
républiques modernes, nées au milieu
de ce que nous avons l'orgueil d'appeler

les flambeaux des connoissances humaines. Je vais parler d'un pays que j'a vu, non pas avec la mauvaise-foi de Brissot qui en a dit trop de bien, non pas avec l'injustice du marquis de Caylus qui en a dit trop de mal ; mais avec ce sentiment raisonnable qui rend compte des véritables sensations qui l'ont fait naître. Je n'ai intérêt de tromper personne.

Eh ! bien, les *North-Américains* qui se sont rendus indépendans avec la bravoure des Français, qui après avoir été rebelles aussi envers leur roi, trop injuste peut-être envers eux, s'en sont détachés pour se former en république, en fédéralisme ; n'ont-ils pas, malgré leur amour excessif pour la liberté, senti la nécessité de l'esclavage même héréditaire ? ne l'ont-ils pas établi avec toute sa force et sa dégradation, même dans les plus grandes parties fédérées de leurs Etats-Unis !

C'est là qu'il faut voir les esclaves comme je les ai vus ! C'est là qu'ils sont forcés au travail, fustigés, nus, misérables, et que mon cœur a souffert au point d'avoir une querelle vigoureuse avec un habitant de Norfolk en Virginie ! mon ame en saigne encore ! Un tel maître est un bourreau, j'en conviens ; mais aussi, c'est la faute de la loi, des magistrats. Leur manière dure de traiter les esclaves.

D'un autre côté, le défaut de ménagement des esclaves trop général dans ces états, provient du caractère naturellement dur et impérieux de tous ceux qui adoptent les mœurs angloises, et puis, je crois, du prix médiocre qu'on attache à l'acquisition d'un Nègre. C'est le pays où les esclaves coûtent le moins cher. Moins une chose a de prix, et moins l'on fait attention à sa conservation. Causes de cette dureté.

Ce qui m'a révolté, ce qui révolte les ames sensibles, est ce contraste de la plus grande liberté pour les Blancs, et de l'esclavage le plus pesant pour les Nègres. Je trouve cette conduite d'autant plus déplacée, qu'il y a beaucoup moins de Nègres que de Blancs, et qu'en politique même, cette barbarie est sans aucun but d'utilité.

Les affranchis même se ressentent de cette extrême dureté. En général, il y en a peu, parce que ce pays de liberté est très - avare d'affranchissement.

La loi donne le droit de citoyens à ces affranchis, et les Blancs qui ne voient en eux que des prétentions ridicules, qui sont persuadés de l'impossibilité où ils sont de sortir jamais de l'ignorance que la nature semble avoir attachée à leur espèce, qui redoutent l'alliance des Nègres, comme susceptible de gâter autant les mœurs que la peau, qui ne veulent que de l'humanité, et point d'égalité de ce genre, ont la politique de neutraliser l'action de la loi.

Pour parvenir à leur but, et conte-nir les affranchis dans une espèce de conscription qu'on peut regarder comme une proscription, ils n'exigent rien d'eux. *Espèce de proscription à leur égard*

Dans ce pays, l'on rencontre par-tout des écoles, et dans la classe du peuple, les hommes un peu instruits seulement, peuvent s'y compter aisé-ment. Les affranchis ont également leurs écoles, et il n'est guères possible de pousser plus loin l'ignorance. Ces derniers sont aussi négligés que négli-gens. *Inutilité des écoles que l'on prodi-gue dans les pays de cette partie de l'Amérique.*

Quand ils ont reçu leur éducation, ils sont repoussés dans la dernière *Ce qui suit l'éducation des affranchis.*

classé, et n'ont aucune accointance avec les Blancs, même les amis des Noirs.

Politique sur les droits qu'ils pourroient réclamer.

Pour qu'ils ne puissent réclamer aucuns droits, on ne leur en fait point payer, et on les tient dans une servitude absolue. Ils ne sont point compris dans les contributions, et ne soutiennent l'état, ni comme militaires, ni comme avocats, ni comme procureurs ou huissiers, ni comme fonctionnaires publics d'aucune sorte. Ils ne sont assujettis à rien, et ne demandent rien, parce qu'ils sont refusés par-tout, et incapables de toute contention d'esprit. Leur destinée est de servir les autres, et ceux-là sont encore les meilleurs sujets, parce qu'au bout d'un grand nombre d'années, ils afferment ou achètent un mauvais morceau de terre, qu'eux et leurs enfans cultivent mal, avec autant de peine que peu d'intelligence.

Ils meurent sans qu'on s'en apperçoive, et sont remplacés de la même manière.

Il est vrai que quelques Blancs ont cherché à changer leur condition ; mais la politique générale a prévalu, et les hommes d'état de ces pays, aussi instruits que nous, et souvent meilleurs philosophes, ont convaincu que ce mieux seroit un mal pire que celui pour lequel on faisoit d'humaines réclamations.

Il y a plus : la Pensylvanie où domine la société des amis des hommes, des Quakers qui affectent par-tout la philanthropie la plus outrée, qui font l'admiration de ceux qui ne les connoissent pas, et qui ne sont que des hommes comme les autres, pour ceux qui les connoissent bien, la Pensylvanie elle-même a ses esclaves.

Il est vrai que ces esclaves, au lieu

du nom de *Slaves*, portent celui de
Bounds, et qu'en exigeant d'eux tout le
produit de leur travail de bras et de
jambes, pour ainsi dire, pendant le
jour et la nuit, on déclare leurs corps
libres. Au fond, c'est la même servilité,
la même dégradation.

Il est vrai que ces esclaves ont cette
différence avec les esclaves des autres
parties du continent, qu'ils ne le sont
que pour un temps limité, mais ce temps
tombe toujours à l'âge où ils seroient
le moins propres à un service profitable, et où ils ne peuvent plus guères
être utiles pour eux-mêmes ; ainsi
l'esclavage y est réel. Il n'y a de différence que dans les expressions, et
dans la liberté indigente qu'on réserve
à leur vieillesse.

Les *Bounds*, ou les esclaves pour
un temps, y ont la peine et la dégradation que les Nigrophiles exagèrent

chez nous. Ils y subissent les mêmes punitions, le même mépris, et, ce qui peut être pis encore, cette insouciance et cette froideur angloises qu'on réchauffe dans leurs livres, et que j'ai vues sans détour dans leurs actions. C'est la dernière nation dont je voudrois être l'esclave, s'il n'étoit point dans mon essence d'être libre.

On me répétera encore que là ils ne sont esclaves que pour un temps. Mais si l'esclavage étoit réellement un état de souffrance d'ames délicates, comme les discoureurs à imagination déréglée s'efforcent à vouloir nous le persuader, ne seroit-il pas également affreux dans ses limites ? Le desir de sa fin dans l'homme sous le joug, ne deviendroit-il pas un tourment de plus, par la comparaison continuelle du présent avec l'avenir, et le législateur, sans le vouloir, n'a-t-il pas mis même

Réflexion sur l'esclavage à temps.

F

une sorte de raffinement de cruauté dans cette disposition qu'il n'a cru d'abord que bienfaisante? La loi n'auroit-elle pas mieux fait de dire que l'esclave deviendroit libre , sitôt qu'il seroit digne de cette faveur, et d'établir les conditions qui conduisent naturellement et civiquement à la liberté?

Il est donc clair que dans ces pays où Brissot fait résider la perfection, et que je cherche toujours, on n'y vaut pas mieux que nous, qu'on n'y est encore pis, et qu'on y a plus consulté l'intérêt commercial, que la philanthropie universelle.

En effet, dans le sens même des Nigrophiles , ne seroit-il pas plus inhumain d'engager ou d'asservir un homme pendant 15 ou 20 ans , et de lui laisser pour récompense la seule liberté dans un âge où il peut à peine en jouir , que de le rendre esclave ou engagé tout-à-fait, pourvu de toutes les nécessités de la vie.

Cependant les *North-Américains*, ces amans de la liberté, ces républicains zélés, qui élèvent leur indépendance si haut dans leurs livres, achètent et vendent des esclaves.

Leurs concitoyens, les Quakers, espèce de moines mariés ou à marier, qui ont sans cesse à la bouche les plus grands mots philanthropiques, et qui sont les plus difficiles à servir, achètent et vendent *le temps et la liberté* des hommes ; non-seulement des Noirs et des Blancs étrangers, comme des Irlandais et les Allemands, mais même des Blancs de leur propre pays, de leur propre ville et de leur propre sang. J'ai encore dans mon porte-feuille la vente que des magistrats Quakers m'ont faite d'une jeune fille. Je l'ai acquise par pitié, et je l'ai laissée libre par lui

F.

Les
Quakers
achètent
et vendent
des hommes

manité. Elle étoit malheureuse chez ses premiers maîtres. Ce que j'ai fait à cet égard, tous les Colons Français, tous ces hommes que les Nigrophiles appellent *acquéreurs de viande humaine*, l'eussent fait comme moi; et je ne connois personne parmi ceux qui se disent philanthropes, parmi les Quakers, qui eût fait cette action fort simple, sans un intérêt matériel quelconque.

Les pères et mères y vendent leurs enfans

Dans ce pays dont les enthousiastes Français élèvent les hommes au-dessus de l'humanité, je vois les tuteurs, les tutrices, les pères, les mères vendre leurs pupilles, leurs enfans, ou, ce qui est la même chose pour moi, leur temps et leur liberté. Ils se dégagent ainsi de tout soin, de toute tendresse, et ont la bassesse de trouver leur dédommagement dans la foible somme d'argent qu'ils retirent de ce trafic infâme.

Pour achever l'indignation universelle que cette conduite mérite, il faut
savoir que les maîtres sont tout, que les
pères et les mères ne peuvent plus rien
sur leurs enfans vendus, que ces enfans
n'ont à respecter que la volonté de leurs
maîtres...... Et Brissot nous donne
cette nation libre pour modèle ! et
Brissot se disoit philanthrope ! Barnave
et Péthion étoient amis des hommes !

Certainement, si l'on veut faire des
réflexions morales et philanthropiques
sur la politique intérieure des nations,
ce doit être sur des faits aussi extraordinaires, qui engagent la liberté pour
en exprimer ce qu'elle a de plus lucra-
tif, et que les maîtres rendent quand
ils ne peuvent plus en tirer parti.

Cependant l'imagination ivre qui
s'en aviseroit, seroit confondue par
l'examen réfléchi, parce qu'encore une
fois, la plus forte philanthropie ne peut

consister qu'à choisir le moindre des maux ; que tous les philanthropes et tous les philosophes ou philosophistes, ne peuvent, sur ce globe que prendre les hommes et les choses tels qu'ils y sont ; et que ce que le grand maître du monde laisse exister, fait partie de son systême général, auquel les hommes ne touchent, le plus souvent, que pour augmenter nos maux, faute d'une raison vraiment éclairée.

Encore un exemple.

Exemple tiré de la Russie.

Les Russes sont hors de la barbarie ; ils forment déja un des peuples les plus éclairés, les plus civilisés et les plus belliqueux. Ce sont des hommes forts et vigoureux, doués d'une bravoure presque égale à celle des Français.

Ses esclaves.

Eh bien ! voyagez dans ce pays immense, entouré de déserts, de montagnes, de retraites inaccessibles ; et dont les parties habitées regorgent de peuples ; vous y verrez une fourmillière d'esclaves blancs, esclaves pour la vie, et dont l'esclavage est héréditaire.

Cependant cette grande nation, riche en lumières, en savans, ne se croit pas malheureuse, parce qu'elle a des maîtres et des esclaves. *Réflexion.*

C'est même du sein de cet esclavage qu'elle tire trois et quatre cent mille hommes qui font presque toujours trembler leurs ennemis.

C'est de cette classe qui affecte si douloureusement les nerfs de nos phi-lanthropes, qu'est sorti le fameux gé-néral *paysan.* *Le fameux Semneecks étoit esclave.*

Cet homme intrépide et savant dans l'art militaire, affecte de garder ce nom de *paysan*, parce qu'il veut, par grandeur d'ame, qu'on n'oublie jamais son origine (1). *Sa magnanimité.*

____

(1) En langue russe, *semneecks* signifie *paysan*,

Esclavage de la France sous Robespierre.

Eh ! la France elle-même, sous la domination impie de Robespierre, est-elle autre chose, au milieu de ses cris de liberté, autre chose qu'un séjour d'esclavage ? Où en est-il, où en fut-il jamais de plus dur, de plus insupportable et de plus sanguinaire ?

Preuves éternelles de cette vérité.

L'abbaye et la guillotine ne sont-elles pas des témoins éternels de la barbarie et de la stupidité des Français abattus sous cet homme-tigre ? ... Je ne vois donc par-tout que des mots pour le bien, et que des choses pour le mal.

L'esclavage des Colonies est le moindre de tous.

Par-tout il est des esclaves, et dans les Colonies ils le sont moins qu'ailleurs. C'est une vérité dont mes propres yeux ne peuvent pas plus douter que de ma propre existence.

Raison de la douceur de l'esclavage dans les Colonies.

D'ailleurs l'intérêt personnel, l'hu-

---

et ce mot est le nom général des esclaves ; et les esclaves qu'on y nomme *Serfs* ont toute la charge et toute la durée de l'esclavage.

manité naturelle à tous les hommes d'une certaine trempe, tels que le sont, en général les habitans des Colonies ; la loi qui surveille sans cesse, l'aisance qui suit les grands propriétaires, et qui, en multipliant leurs occupations, leur ôte le temps comme l'envie de faire le mal, tout concourt à rendre les esclaves heureux, dans le sens qui leur convient, dans le sens matériel.

C'est donc vraiment à tort qu'on affecte de les plaindre autant : s'appitoyer sur leur sort, c'est annoncer qu'on ne les connoît pas.

Mais ne dissimulons plus ; cette affectation n'est pas sincère. C'est un coup de politique porté adroitement par les méchans dont j'ai déja parlé. Ils portent à toutes les parties fondamentales de la France une violente secousse pour achever de la bouleverser, en ruinant son commerce dans ce qu'il a de plus profitable.

C'est une machination parée des fleurs de l'éloquence, qui, sous le nom séduisant de l'humanité, cache les hommes les plus cruels et les poignards les plus aiguisés.

Exceptions.

Ne dissimulons pas non plus qu'il est dans les Colonies, comme par-tout ailleurs, des exceptions.

Certains maîtres cruels.

Je sais qu'on y rencontre des ames féroces qui méritent à peine le nom d'hommes; qui, au lieu d'assassiner les hommes libres sur les grands chemins, tuent leurs esclaves sur leurs habitations, à force de mauvais traitemens.

Punitions exécutées conformément à la loi.

Ce sont des monstres qui seroient également sanguinaires sous toute espèce de constitution; ce sont de ces erreurs inévitables qui font la honte de la nature, et l'on a vu que la loi les déclare incapables *d'avoir désor-mais des esclaves.*

Mais ces malheurs ont été si passa-gers qu'ils ne peuvent que servir de pré-textes légers aux prétendus Nigrophiles qui s'accrochent à tout ce qu'ils peu-vent pour faire réussir leur système de bouleversement. Léger
prétexte.

Je n'entends point sûrement sou-tenir ces habitans qui nous désho-norent, ces âmes de boue, ces cœurs de fer; je les méprise presqu'autant qu'ils le méritent, et je les livre vo-lontiers à l'exécration publique. J'a-voue que ces maîtres sont dignes d'être les satellites de Robespierre. Exécration
contre
les mauvais
maîtres.

Mais je soutiens que la nature veut que le nombre en soit très-petit, et que la loi puisse les dissiper entiè-rement.

Voilà, mon père, ce qui est vrai sur le fond de l'esclavage des Colonies. Assurance
de la
bonne-foi
de l'Auteur.

Je prends à témoins vos mânes, que je n'ai mis aucun artifice dans cette discussion, que je n'ai point voulu être, et que je n'ai été ni exagéré ni partial.

Sa renonciation à toute prétention.

A la négligence de mon apperçu, qui vous aura semblé long, peut-être, à son incorrection; vous avez dû reconnoître la plume du cœur qui exprime ses idées à mesure qu'elles se présentent, sans se rendre esclave d'un ordre trop méthodique.

Il n'a pas tout dit, parce qu'il ne veut pas répéter ce qui est dans les livres.

Vous devez même vous appercevoir que je n'ai pas tout dit, pour ne pas répéter ce qu'on a déja écrit en différens temps sur cette matière.

Comparaison avec la discipline militaire.

J'aurois pu, sans manquer à personne, prouver par comparaison, combien l'esclavage des Colonies est loin même du rigide de la discipline militaire. J'aurois pu faire voir que le fouet que l'on donne aux esclaves, et qui occasionne tant de discours faux à nos philanthropes négriers , est au-dessous des corrections fraternelles que l'on prodigue en France aux malheureux. J'aurais pu citer le matelot, qui pour avoir fait une mauvaise cuisine , où s'être permis quelquefois des représentations, ou qui s'est enivré , ou qui a mis de la négligence dans ses devoirs , est condamné par son capitaine à recevoir de ses propres camarades cinquante coups de *garcette* qui n'est qu'un fouet elle-même. Ce malheureux attaché sur un cabestan , comme le Nègre l'est sur une échelle, est également frappé à nu sur la partie dont la flagellation excite tant de pitié pour le Nègre.

Il n'est pas extraordinaire de voir ce malheureux condamné à en recevoir autant pendant huit jours de suite, sans que ce spectacle dégoûtant cesse même d'amuser en quelque sorte ses camarades qui en attendent quelque jour autant , et sans qu'il excite la moindre pitié des supérieurs qui souvent eux-mêmes plaisantent dans ces momens cruels.

Importance du matelot. Cependant le matelot est Blanc ; il exerce l'art qui exige la plus grande peine et le plus grand courage, le jour et la nuit, et une somme d'intelligence telle, qu'il faut sept ans au moins pour qu'il connoisse tous ses devoirs.

De la classe des matelots sortis des grands capitaines. Cependant, de cette classe d'hommes, il nous est sorti de vaillans capitaines, qui ont fait pâlir et qui ont vaincu nos ennemis , et elle a été constamment une pépinière de héros.

Ils sont beaucoup plus maltraités que les esclaves. Cependant ces hommes d'un sang magnanime sont beaucoup plus maltraités que nos esclaves ; et néanmoins quel est le philanthrope qui a eu le courage de parler en leur faveur ?

Le malheureux marin est mené durement, et cette dureté est constante et générale. A la moindre faute, il est châtié impitoyablement.

Le Nègre, ~~lui~~, est averti cent fois avant qu'on se détermine à le corriger; et quand on lui fait subir le châtiment du matelot, il a commis des faits graves pour lesquels le matelot seroit *ipso facto* condamné à mort; et le Nègre est d'une espèce avilie par la nature, qui n'a jamais été rien par lui-même, et qui n'est bon qu'à être un foible instrument aratoire. J'aurois trop d'avantage, si je poussois plus loin mes recherches sur sa véritable destinée.

Je ne fais donc qu'établir une partie de mes pensées à son égard, et je serois honteux que les gens raisonnables eussent à me censurer sur un objet aussi important de l'humanité.

J'ai vu bien des méchans. On a sou-vent cherché à corrompre mon cœur, mais il n'a point changé. Si donc je n'étois pas impartial dans ce que j'écris, si je n'y avois pas réfléchi long-temps, si ce n'étoit pas le fruit de ma propre expérience, si je n'avois pas fait toutes les comparaisons convena-bles, et si la vraie-philanthropie même ne m'animoit pas, j'aurois été assez sage pour me taire; mais le bien de ma pa-trie, l'amour de la vérité, la raison de l'humanité me donnent le courage nécessaire à mon entreprise, et je parle sans reproche et sans peur.

Je le répète, l'esclavage de nos Colonies ne ressemble donc nullement à la peinture artificieuse qu'en font ce qu'on appelle les Nigrophiles, et qui ne me paroissent, à moi, que des con-tre-révolutionnaires qui veulent per-pétuer le torrent du sang humain.

Cet esclavage est donc, au contraire, le bonheur successif des générations Africaines, en même temps qu'il procure les plus grands avantages aux Européens. Il est le bonheur des peuples entiers de l'Afrique.

Jamais donc la politique n'a été plus d'accord avec l'humanité, avec la philanthropie la plus raffinée. Il est d'accord avec l'humanité.

Les Nigrophiles, c'est-à-dire, ceux qu'on appelle, ou qui s'appellent ainsi, sont donc eux-mêmes, dans leurs conséquences, vrais bourreaux de Nègres, puisqu'ils seroient la cause des nouveaux malheurs de l'Afrique entière. Les Nigrophiles peuvent être considérés comme des bourreaux.

Il est une fatalité attachée à cette espèce de Nigrophiles. Ils négligent les malheureux qui les entourent, pour s'occuper de gens qui sont à deux mille lieues d'eux; et en affectant ainsi de vouloir un bonheur inutile à ces derniers, en petit nombre, ils plongent la quatrième partie du monde, Leur condition.

G

l'Afrique si étonnamment populeuse , dans les tourmens les plus affreux. Ce malheureux pays leur devra donc la reprise des supplices que la traite avoit fait cesser.

En vérité, ces faits sont trop connus pour que je puisse me persuader que les Nigrophiles soient de bonne-foi. En effet , plus j'étudie leur ouvrage, et plus je doute de leur sincérité. Je puis donc continuer à les poursuivre jusques dans leur dernière retraite.

Indispensa-
bilité
de
l'esclavage
dans les
Colonies.

Il me reste à faire sentir que l'esclavage est également indispensable pour la culture , dans des climats brûlans comme nos Colonies.

Effet mortel
de l'activité
des Blancs
dans les pays
brûlans.

Nous avons déja dit que les Blancs ont une activité naturelle , qui, en multipliant beaucoup plus chez eux les mouvemens et les frottemens, aide aux efforts naturels du climat , pour en hâter la destruction.

Dans le Nègre, au contraire, il existe, comme dans la tortue, un principe de lenteur qui le porte à mettre beaucoup d'intervalle entre tous ses mouvemens. Il n'a de vivacité que dans les momens où les animaux n'en manquent jamais, et elle ne dure pas long-temps. En général, on pourroit dire qu'il se repose beaucoup plus qu'il n'agit.

Il suffit de l'avoir suivi dans quelques habitudes de sa vie, pour ne pas pouvoir douter de la vérité de ce fait.

Je n'en ai peut-être pas vu un sur lequel je n'aie reconnu cette observation, dans quelque circonstance que ce puisse être ; mais aussi il résiste davantage à la fermentation du climat, et vit bien plus long-temps que les Blancs, à peine égale, quand une fois il est acclimaté.

Lorsque l'on dit *acclimaté*, dans

G..

doit enten-
dre par le
mot *accli-
mater* un
Nègre.

ce sens, on s'exprime mal; car l'Afrique est un pays plus chaud, plus mal-sain encore que nos Colonies. C'est ce que m'ont appris beaucoup d'officiers de santé qui ont fréquenté souvent cette partie du monde.

L'Afrique
beaucoup
plus chaude
et mal-saine
que
l'Amérique.

La chaleur y est plus excessive que dans nos Colonies, parce qu'elle n'est pas interceptée, comme la nôtre, par des brises réglées. Les brouillards du soir et du matin y sont beaucoup plus épais, plus méphitiques, et y produisent, par une chaleur toujours égale, une fermentation plus active, plus décomposante.

Ce que sont
nos Colonies
pour les
Africains.

Par conséquent nos Colonies deviennent pour les Africains, ce que la Provence, le Languedoc, et sur-tout l'Italie, sont pour les Américains des régions brûlantes; et certainement on n'a pas besoin de *s'acclimater* pour s'habituer dans un pays meilleur que celui qu'on quitte.

On ne se sert donc de cette expression envers les Nègres nouveaux, que pour signifier le besoin qu'on a de les guérir des maux qu'ils se communiquent à bord.

Ils sont communément en grande quantité sur un vaisseau, et y restent quelques mois.

Comment le Nègre bossal vient dans les Colonies

Malgré l'extrême propreté qui règne dans un négrier, l'odeur de corruption est si forte dans ce genre d'hommes, et le nombre en est toujours si grand, dans un lieu si étroit, pour en couvrir les frais, que l'air y est bientôt infecté.

Sa corruption naturelle.

Comme l'égalité n'est pas plus dans la constitution des hommes que dans la société, il en résulte nécessairement que les moins forts commencent l'épidémie. La contagion devient générale et fixe les accidens.

Comment la contagion se répand à bord des négriers.

Les maladies cutanées qui en résultent.

Delà, la dyssenterie, la petite-vérole, la gale, les dartres, et une foule de maladies cutanées.

Mauvaise foi de certains marchands.

Ajoutez que quelques marchands, au moment d'arriver, et pour favoriser leur vente, ont la mauvaise foi, très-souvent, de faire rentrer les maladies de peau, qui préparent pour la suite un volcan d'horreurs.

Les justes soupçons de l'habitant.

L'habitant qui n'ignore pas ces malices honteuses, et qui les soupçonne toujours, a grand soin de rappeler par des sudorifiques ces maladies cachées.

Les premiers soins d'un maître.

Cette opération exige les attentions les plus suivies, les plus longues. Ajoutez-y la peine que l'on a pour les accoutumer à se vêtir, sur-tout à les déshabituer de tous les genres de mal-propreté, de leur appétit glouton qui les porte à manger tout ce que la dépravation peut inspirer, et vous aurez l'idée juste, dans le sens colonial, du mot propre *acclimater*.

C'est donc quand un Nègre de la côte a passé les trois premières années dans les soins les plus vétilleux, dans les précautions les plus sages, qu'il commence à s'acclimater. *Il faut trois ans au Nègre bossal pour s'acclimater*

S'il ne meurt pas, il devient alors capable de résister aux plus grandes fatigues de nos manufactures, alors on peut essayer de le mettre en apprentissage. *Sa force quand il est acclimaté.*

Jamais Européen, jamais Créole blanc ne seroit en état de tenir comme lui aux travaux, c'est-à-dire, à l'air libre de nos jardins. *Sa supériorité sur le Créole blanc, et principalement sur l'Européen.*

Le Nègre n'a jamais cette chaleur excessive qui décourage le Blanc. Cela est si vrai, qu'il a constamment du feu, et qu'il se chauffe nuit et jour. *Le Nègre a naturellement froid.*

Enfin l'esclavage lui est si peu nuisible, que quand il a passé son temps, *Preuve que l'esclavage n'est pas nuisible.*

de maladie , il devient gai , gras et fort.

Il vit très-long-temps ; il n'est pas rare de lui voir plus de cent ans. Les Nigrophiles ne disent pas cela , et quand j'avance ce fait , le ciel , auquel je crois , est là qui m'entend. Or le chagrin n'a pas pour habitude de prolonger la vie ; et le fait de sa longue existence suffiroit seul pour renverser tout l'échafaudage des Nigrophiles.

Les Nègres ont donc une véritable supériorité de santé sur les Blancs ; il est donc indispensable de les employer, préférablement dans les Colonies, dans tous les pays chauds, à tous les travaux de la culture.

Mais il ne faut pas oublier qu'ils doivent aux Blancs ce genre de supériorité ; que sans les premiers soins de ces Blancs, ils mourroient tous, et que ces soins dont ils ont le plus grand besoin, ne peuvent être ceux de la charité publique, qu'il en faut de plus grands, de plus longs, de plus pénibles.

Ainsi quand on voit aujourd'hui les Nègres révoltés oublier tant de bontés paternelles, poursuivre comme des bêtes fauves les Blancs qui leur ont sauvé la vie, les surprendre en traîtres, les humilier par les préparatifs les plus honteux, et finir par les égorger, non-seulement sans pitié, mais au milieu des chants d'allégresse, je suis autorisé à croire qu'ils ne le font pas de leur chef, que quelque agent, ennemi de la France, les magnétise. L'ingrati-
tude et la
scélératesse
du Nègre.

D'ailleurs, sont-ce les Colons qui ont imaginé la traite? Sont-ce les Colons qui vont à la côte? Sont-ce enfin les Colons qui, suivant les expressions aussi triviales que perfides des Nigrophiles, sont les *vendeurs de chair humaine*? Les Colons
ne sont
point
les auteurs
de la traite.

Non, sans doute, ce sont les Européens que l'on voit aujourd'hui faire un si grand étalage de leur humanité, dans le nombre desquels on compte beaucoup de ces Nigrophiles qui, après s'être engraissés de cette *chair humaine* et de celle des Colons, viennent blanchir les Nègres et noircir les Blancs pour leur unique intérêt personnel. Ils changent aujourd'hui leurs spéculations, et tout change avec elles.

C'est de la mère-patrie que les Colons ont reçu la loi de recevoir des esclaves. Ils n'ont fait qu'obéir; et parce qu'ils n'ont pas prévu le changement qui se feroit plus de deux cents ans après, leur obéissance tourne aujourd'hui contre eux.

Ils ont agi sous la foi des traités, et ils seroient coupables? La loi n'auroit été qu'un piége pour les surprendre? parce qu'ils sont devenus riches à

force de privations, de travaux et de
fatigue, on viole leurs propriétés ?
parce qu'ils font de justes réclamations
on les ruine ? parce qu'ils crient à
l'abus, au vol, on soulève contre eux
leurs propres forces ?

Comment ! parce qu'ils réclament
les privilèges de la liberté, aussi pour
eux, on les écrase sous le joug le plus
pesant de l'esclavage ! Comment ! on
les pille, on les dépouille, on les
laisse dénués entièrement de tout, et
l'on trouve qu'ils ont tort de se plaindre !

On leur prend tout au nom de
Robespierre, et il faut qu'ils s'agenouil-
lent devant les crimes qui ont formé
et qui soutiennent cette idole ! Ils dé-
plorent leur incomparable destinée,
leur affreuse misère, tandis que leurs
ennemis nagent dans l'abondance de
leurs propres richesses, et ils sont exé-

crés d'une bande, d'une faction qui chante, au milieu des maux qu'elle leur fait souffrir, son humanité, sa justice, son patriotisme, son civisme, et qui se dit le corps le plus grand, le plus généreux et le plus éclairé de la terre ?.... Ah ! cessons toute réflexion, car la folie est peut-être de toutes les maladies, celle qui doit inspirer le plus de compassion !

Résumé. Concluons, et osons le dire : dans le systême actuel de notre plus haut commerce, l'esclavage de nos Colonies est utile, indispensable, soit qu'on envisage la nature même du Nègre, la politique des nations environnantes ou environnées, soit que l'on ne veuille même que peser sur l'humanité

La diffé-rence que la nature met au-dehors du Nègre, est l'indica-tion de celle qui existe en dedans. En morale, nous avons fait voir que le Nègre est d'une nature toute particulière. Dans un autre entretien, nous l'avons disséqué moralement, d'après une anatomie réelle, où l'on voit que l'indication de la peau est un avertissement incontestable de la différence dans son intérieur. Nous en sommes venus malgré nous à la preuve naturelle que son espèce est dépravée, que c'est la classe de l'humanité la plus imparfaite, la plus sombre, la plus incapable de lumières, la plus vicieuse, la plus incorrigible; et que le Nègre qui s'élève à la hauteur du dernier des Blancs instruits, est un phénomène dans son espèce. Nous en avons tiré la conséquence qu'il n'est pas fait pour la liberté des Blancs, et sa conduite jusqu'à présent prouve de plus en plus cette vérité.

En politique, il est certain que cette liberté perd toutes nos Colonies, et qu'elle devient de la conséquence la plus affreuse pour nos voisins. En faisant écrouler notre propre bâtiment, elle en écrasera bien d'autres par cette chûte horrible ; et l'on n'aura fait que des ingrats qui croupiront dans la paresse ; qui , après avoir vécu quelque temps de leurs vols , périront de la misère la plus épouvantable.

Combien elle est inhumaine. Sous le point de vue de l'humanité , l'esclavage colonial arrache une infinité d'hommes aux supplices , à la mort, au véritable esclavage , à l'ignorance absolue , et à la superstition , la plus grande des calamités publiques.

Avantages de l'esclavage. Par lui on en fait des hommes dignes de la terre et du ciel, et l'on épargne une immensité d'Européens qui périroient sous le poids des travaux , sans aucun avantage pour la mère-patrie.

Certitude des faits avancés et des intentions pures de l'Auteur. Comme tous les faits que j'avance sont d'une exactitude religieuse, et qu'il y en a beaucoup d'autres dont je n'ai pas besoin de parler , parce qu'ils sont connus, j'ai raison de me croire , malgré mon apparence austère peut-être, plus véritable ami du peuple de l'Afrique, que nos modernes Nigrophiles, en soutenant avec un peu de douleur, mais sans avoir à rougir, que l'esclavage, dans l'espèce particulière où se trouvent les Colonies, est un bien, un très-grand bien, et que s'il n'existoit pas, il faudroit même le créer dans nos possessions brûlantes.

Enfin, si l'on veut absolument la liberté générale des Noirs, acte de bienfaisance ou de politique dont on ne se repentira que trop un jour, faut-il du moins que cette liberté pose sur une base de justice ; car l'humanité consiste-t-elle à immoler la raison pour favoriser des idées purement fantastiques ? On se repentira bientôt de la liberté des Noirs.

Faut-il, parce qu'un homme a eu des esclaves, qu'il devienne esclave à son tour ? Faut-il, parce qu'il a sauvé Inconséquences ridicules et leur barbarie.

la vie à des milliers d'êtres, et qu'il en ait fait un profit raisonnable, au profit même de l'humanité, on le fasse égorger, et par ceux mêmes à qui il a servi de père ? Peut-on concevoir rien de plus monstrueux ? Voilà pour la raison universelle.

L'individu est-il coupable du changement de gouvernement ?

Maintenant en politique, quand le Gouvernement change, est-on coupable, peut-on l'être, d'avoir obéi aux loix qui précédoient ce changement ? Ne devroit-on pas, au contraire, induire naturellement qu'en général, celui qui fut fidèle à des loix anciennes, mais imparfaites, sera nécessairement le soutien des loix nouvelles, mais meilleures ? Le bon sens ne dit-il pas qu'il seroit ridicule de condamner à la mort, ou à l'exécration des républicains, l'homme que les circonstances ont forcé d'être ou mandarin à la Chine, ou bacha en Turquie ?

Qui fut fidèle à un gouvernement moins bon, est supposé naturellement devoir l'être à un meilleur.

Pauvres individus que nous sommes, Réflexion générale sur les mouvemens humains. soit que nous ayons de l'esprit , soit que nous n'en ayons point, ne sommes-nous pas tous mus par les événemens ? Sommes-nous maîtres des principes qui président à notre formation , et doit-on faire un crime à l'homme, des conséquences qui ne dépendent pas de lui ; mais des causes naturelles ou politiques qui l'ont déterminé ? Où voit-on que pour enrichir les uns , il faille dépouiller les autres ?

Si cette politique honteuse pouvoit être pardonnable parmi des fous et des ignorans, n'est-elle pas exécrable chez des hommes qui se flattent de posséder le plus brillant flambeau de la raison ?

Et moi aussi, je suis amant de la L'Auteur est ami de la liberté raisonnable liberté ! et moi aussi je déteste l'escla-vage !.... Je voudrois que tous les hommes méritassent de ne dépendre

H

que de leur raison. Je voudrois qu'ils pussent travailler sans y être contraints dans une contrée où tout porte à la paresse, des hommes déja paresseux de leur nature.

La liberté absolue est un mal.

Mais ne leur donnez pour loi que cette foible lueur de la raison humaine; ne les enchaînez point par cette combinaison politique qui fait marcher les intérêts particuliers au secours de la chose publique; faites triompher sans cesse la raison des particuliers sur la raison d'état et des temps... Vous verrez si chaque individu ne voudra pas être le tyran que les hommes libres ont en horreur ! vous verrez si la chose publique ne tombe pas faute d'être soutenue par le travail, même en Europe où les besoins forcent à travailler.

Bassesse, inconséquence et perfidie cruelle de Robespierre.

Robespierre lui-même a flatté les rois pour avoir une émanation de leurs pouvoirs. Il en a été dédaigné, et aujourd'hui il renverse ces rois pour substituer à leur sceptre d'or un tri-dent d'airain dont il s'empare lui-même ! Il n'a voulu se mettre à leur place que dans l'espoir de passer le reste de sa vie dans la domination, l'aisance et l'oisiveté !

Hélas ! les hommes font beaucoup valoir leur raison. Le vernis dont ils la couvrent est vraiment séduisant.

Mais ayez l'impartialité de l'homme qui sait observer, et vous trouverez que cette belle raison n'est au fond que l'instinct de la brute.

Il fait de belles choses; le plus sou-vent c'est pour lui-même. Il ne fait presque rien qu'il n'y trouve cet attrait relatif que la nature met dans tous les animaux. C'est une idée désolante, mais vraie, et je voudrois qu'elle ser-vît au moins à corriger notre orgueil.

Je crois beaucoup à la vertu, parce

H..

entre la vertu et l'héroïsme.

qu'elle conduit l'homme à faire tout ce qu'il peut ; mais je ne crois point à l'héroïsme ; ce n'est qu'un grand mot ; c'est un sentiment orgueilleux, ou une exagération flatteuse qui suppose à l'homme ce que la nature lui a refusé.

Vérité certaine sous Robespierre.

Jusqu'à présent j'ai vu beaucoup d'hommes vertueux, et je suis encore à voir un héros. Les poëtes sont prodigues de cette épithète enflée ; mais l'homme qui ne sait point exagérer, n'y voit que l'éloge de la vertu, et nullement la preuve d'un sentiment entièrement dégagé d'intérêt personnel.

Motif de notre exagération

Notre fureur est de paroître toujours plus que nous ne sommes ; et c'est ce qui nous porte à faire quelquefois les autres plus qu'ils ne sont. Cela vient aussi de l'incrédulité générale, qui veut qu'on enfle beaucoup une chose, pour croire à une partie de son étendue.

Le même principe nous fait désap-précier également dans les autres, ce que nous admirerions s'il étoit en nous. Nous croyons valoir en plus de ce que nous refusons en moins dans le mérite qui n'est pas le nôtre.

L'aveuglement de ce genre est de tous les temps, de tous les lieux, et de tous les hommes.

Ce défaut paroît moins dans un homme entouré de vraies lumières; mais c'est la tache du soleil que tout le monde ne sait pas fixer, et personne n'est guères en état de prouver qu'il ne l'a pas.

Malheureusement celui qui la fait moins paroître, n'est pas toujours celui qui a réellement le plus de talens; et elle est cependant la preuve que les meilleurs talens sont toujours disputés par elle.

Les Nigrophiles, par exemple, ne croient pas que le Colon traite le plus souvent ses esclaves comme ses enfans, et souvent encore mieux. Eh bien, cette négative obstinée, sans distinction, suppose, outre leur ignorance, que, s'ils étoient à sa place, ils seroient bien loin d'agir comme lui.

Que diroient-ils donc s'ils voyoient l'affranchi, propriétaire d'esclaves ? Le Nègre est dix fois pis que le Blanc pour ses esclaves, et le fait est si vrai, que l'on corrige souvent un esclave de ses mauvaises habitudes, en le menaçant seulement de le vendre à un Nègre libre.

Il est des exceptions, pourtant, mais elles sont extrêmement rares. L'esclave, devenu libre par la loi de 1793, est encore pis envers le Blanc, qu'il peut rencontrer seul dans les montagnes, et lui faire souffrir les supplices que les sauvages les plus raffinés auroient peine à imaginer contre leurs ennemis les plus cruels. Oui, la férocité, je suis obligé de le dire, est communément l'ame des Africains noirs. Poursuivons.

Enfin, pour que la liberté générale n'eût eu aucune suite funeste, il eût fallu rembourser les propriétaires ; car il est vraiment inoui qu'on soit généreux avec le bien d'autrui !

Si le trésor public n'étoit pas assez riche pour cet acte de justice, il falloit alors rendre une loi qui avertît les propriétaires que leurs Nègres seroient successivement libres dans 10, 15 et 20 ans, je suppose, en raison de l'âge des esclaves.

Il n'est pas un Colon qui ne se fût prêté volontiers à cet acte d'humanité, tout extravagant qu'il soit au fond.

Le propriétaire eût eu un temps raisonnable pour adoucir sa perte, et l'esclave eût appris qu'il n'est point de droits sans devoirs.

Le maître et l'esclave auroient eu le temps de se familiariser avec cette nouvelle idée, et l'amitié réciproque, fondée d'un côté par la pitié, et de l'autre par la reconnoissance, pouvoit en être l'heureux résultat.

Je dirai donc toujours que la rapidité avec laquelle les Nigrophiles font exécuter leur cruel projet d'humanité, annonce un système de destruction général, profondément refléchi, et dont nous ne croyons pas devoir indiquer ici la véritable source.

Cela sera prouvé, mais malheureusement trop tard ; et je crains que le mal ne soit fait avant qu'on ajoute foi à sa cause, et qu'il ne soit aussi difficile à réparer, que trop digne d'être lamenté. Supposition raisonnable,

Un peu plus d'attention sur la forme, auroit mis un peu plus d'accord la justice avec l'humanité, et l'on n'auroit eu qu'à songer au moyen de civiliser, s'il eût été possible, les esclaves devenus libres, cruels, parce que l'ignorance et la superstition les rongent; malheureux, parce que la paresse les rouille, et n'ayant jamais pu en faire des hommes vraiment éclairés, on en auroit fait au moins des animaux raisonnables qui auroient eu honte de leur férocité naturelle.

Pauvres habitans de Saint-Domingue et de toutes les Colonies, où les esclaves se sont insurgés; pauvres habitans qui n'avez pas été encore égorgés, qui vous réfugiez dans les bras de votre patrie, au milieu de vos frères, de vos concitoyens; que vous réserve-t-on pour tant de sacrifices, Adresse aux habitans de Saint-Domingue.

pour toutes les larmes que vous versez sur le souvenir des infortunés que vous avez vus poignarder avec art , et que les esclaves égorgent chaque jour après les avoir couverts d'invectives ? que vous réserve-t-on ? Un mépris désespérant , ou des secours aussi légers qu'avilisans ; et que l'on vous fera acheter par les humiliations de la plus honteuse indigence. Vous serez confondus avec vos propres esclaves , et dans votre patrie même , vos propres assassins seront nourris abondamment, tandis que l'on vous permettra à peine de ramasser leurs miettes. On ne vous dira pas , mais on vous fera sentir que Robespierre et tous ceux qui lui ressemblent , ne desirent rien tant que de vous voir mourir de faim. On ne vous emploîra nulle part , et votre qualité d'anciens riches, celle plus respectable encore de pères de famille , seront même des titres de proscription. Vous êtes propriétaires des Colonies, vos esclaves doivent l'emporter sur vous, et pour les favoriser, la philanthropie à la mode, la philosophie dominante fera des vœux pour que l'on détruise jusqu'au dernier de votre race. Dans ce cruel état de choses, vous serez obligés de fuir une patrie qui vous dévore, d'aller végéter dans des pays neutres, où si vous ne mourez pas de faim, vous périrez sous le fardeau du travail auquel vous n'êtes pas accoutumés. Au désespoir, vous essaierez de retourner dans les Colonies; les esclaves vous y recevront pour les servir et les instruire, et à la moindre inquiétude, la plus mal fondée, la plus imaginaire, ces Africains, aussi perfides que méfians, vous égorgeront et riront de vos larmes.

Voilà pourtant le sort des propriétaires du pays le plus riche, et mon œil n'apperçoit point les limites de cette barbarie sans exemple. Chaque jour augmente encore la masse des Nigrophiles, de ces hommes que l'ignorance la plus honteuse rend, avec la superstition, les assassins de leurs semblables. Il faut cacher ses titres de propriétaire Colon, avec plus de soin que ceux qui prouvent la noblesse, et les émigrés n'ont pas plus à craindre que les Colons blancs réfugiés.

« Et toi, féroce Africain, qui triomphes un instant sur les tombeaux de tes maîtres que tu as égorgés en lâche, qui trouves encore le secret d'humilier ceux qui ont pu fuir tes poignards, je te le prédis, homme que la nature a pétri du limon le plus vil, tu seras démasqué. L'ivresse des fauteurs de tes crimes ne durera pas toujours. On te connoîtra pour l'ennemi naturel des Blancs . . . . Je n'en veux pas davantage.

« Rentre dans le néant politique auquel la nature elle-même t'a destiné. Ton orgueil atroce n'annonce que trop que la servitude est ton lot. Rentre dans le devoir, et compte sur la générosité de tes maîtres. Ils sont Blancs et Français ! . . . »

Mon expérience me rend incontestable la nécessité de rétablir un jour l'esclavage des Colonies. Je sens aussi les précautions indispensables que la loi devra prendre contre l'arme secrète des esclaves rétablis. Le poison sera la ressource de l'esclave désarmé, et dans ce cas-là, il conviendra peut-être de faire revivre la loi des Romains contre les esclaves du quartier où un maître avoit été assassiné.

» Alors, si l'empoisonneur d'un maître des Colonies n'est pas connu, il suffira de la menace de décimer les esclaves du canton, pour le reconnoître bientôt. Un Nègre a toujours quelques confidens, parce qu'il faut qu'il parle toujours, ou quelques femmes qui savent lui arracher son secret; et c'est ainsi qu'on découvrira toujours la vérité. Cette loi finira par tomber en désuétude; elle aura affermi les commencemens, et tout reprendra ses anciennes habitudes.

La défense pour l'esclavage, dans le sens que je l'indique, ne peut donc offenser ni Dieu, ni l'homme raisonnable. On voit que l'esclavage sert merveilleusement aux deux parties. C'est une espèce de transaction où les adversaires trouvent chacun son avantage. Ma conscience est donc nécessairement à l'abri de tout reproche. Dans ce cas-là, que puis-je avoir à redouter de la mauvaise foi ?

Aussi, mon père, mon cœur est tranquille. Vous ne manqueriez pas de m'inspirer des remords et de m'arrêter, comme c'est votre usage, si je m'écartois de la droiture et de la raison dans cette cause importante.

Cette journée n'est donc pas un temps perdu ; et je me retire avec les mêmes sentimens qui m'amenèrent en ces lieux, et qui m'y feront revenir bientôt.

C'est avec vous que je me pénètre des devoirs de l'homme, et je vous devrai la tranquillité avec laquelle j'attends la mort. Je ne cesse de penser comme Métastase, et je répète souvent ce beau passage :

Non è la morte
Il peggor di tutt' i mali :
È un soglievo de' mortali
Chè sono stanchi di soffrir.

RÉFLEXIONS ULTÉRIEURES.

Adresse aux habitans de toutes les Colonies françaises.

Leurs sacrifices et leur utilité pour la mère-patrie.

HABITANS des Colonies, Planteurs Américains, Planteurs Indiens, et vous tous, qui consentez avec énergie à vous arracher aux sentimens les plus doux de la nature, à votre mère-patrie, à vos parens, à vos amis, à vos habitudes, pour aller dans des régions lointaines et meurtrières cultiver la canne, le café, le cannellier, et les autres denrées dont nous ne pouvons plus nous passer, qui ont fait et font plus que jamais nos délices; vous qui charmez ou prolongez notre existence en compromettant la vôtre; vous à qui nous devons les boissons les plus balsamiques, les aromates les plus salutaires, et les parfums les plus délicieux ; vous à qui la mère-patrie devoit au moins 220 millions tournois qu'elle mettoit annuellement dans ses coffres ; recevez les regrets des honnêtes gens, de vous voir depuis si long-temps dans la plus affreuse misère !

Vous devez cette injustice, cet assassinat, cette horreur au temps de Robespierre, à Brissot, à Barnave, à Péthion et à beaucoup d'autres. Portez sur eux toute votre indignation, ou plutôt, ne souillez point votre mémoire d'un souvenir aussi affligeant !

Maintenant, relevez vos esprits abattus. La noirceur de ces temps disparoît de jour en jour. L'horizon s'éclaircit ; et le soleil va briller sur vos têtes. Le monstre est expiré sous les pieds de l'ange exterminateur, et celui-ci devient votre ange tutélaire ; il va sécher vos pleurs. Tous ses efforts en ce moment se dirigent vers votre

I

félicité. Il fera pour les états accessoires et circonférentiels de la France,
ce que vous lui avez vu faire pour
le centre principal. Le même génie,
le même bonheur vont guider ses
pas.

Combien ils ont raison de bénir le gouvernement présent.

Las des malédictions que la douleur
vous arrache, ne vous lassez pas dans
les bénédictions que vous devez à l'être
le plus étonnant de la nature, notre
libérateur, et l'idole de tous ceux qui
pensent bien.

Ils doivent l'aider dans ses vues bienfaisantes.

Aidez-le dans ses projets bienfai-
sans; louez-le dans vos actions, en
travaillant pour la chose publique, et
portez son nom avec celui des Français
aux deux bouts de l'univers que vous
habitez.

On commence à sentir le prix du Colon.

Désormais l'on commence à sentir
ce que vous valez; bientôt l'on saura
tout ce que vous pouvez valoir, et les
nuages que la méchanceté s'efforçoit

d'épaissir entre vous et la mère-patrie, ne sont plus déja qu'un transparent qui laisse voir d'un côté l'envie, le poignard à la main, et de l'autre, vos vertus paisibles. Bientôt ces nuages ne subsisteront plus, et vous serez vus à découvert.

L'Européen va se livrer à la connoissance vraie de vos climats lointains. Il ne vous verra plus à travers le prisme de Brissot qui est mort'; et celui des faux philanthropes qui vivent encore, ne leur aura servi que pour leur élever une fortune dans laquelle ils ne cherchent plus qu'à vivre dans un égoïsme délicieux. L'orage de la folie est passé; il n'y a plus de profit à déraisonner.

L'Européen va donc repousser le mensonge, qui, pour le seul plaisir de la singularité et de la fortune, avoit la cruauté de défigurer vos traits. Vous

I..

serez enfin reconnus pour de vrais Français dans lesquels la tendre humanité et le bouillant courage s'allient d'une manière admirable.

Vingt-cinq ans d'expérience dans vos pays que j'ai vus si brillans, me mettent à même de vous rendre justice, en exposant l'opinion que l'on doit avoir de vous, d'après la vérité des faits.

La partialité est l'ennemie de l'Auteur.

D'ailleurs, l'impartialité dans laquelle je passe ma vie, le desir continuel que j'ai de voir juste, ne me permettent pas d'exagérer; et si quelquefois la vertu m'enthousiasme, je n'ai jamais besoin du mensonge pour la faire briller. Je dis tout uniment ce que j'ai vu, ce que j'ai entendu, et je ne prends jamais de rares exceptions pour des règles générales.

Le moment du malheur des Colons est celui où

Ce qui surpasse mes conceptions, c'est que vous ayez éprouvé vos mal-

heurs au moment même que vous adou-
cissiez encore plus l'esclavage ; au
moment que votre opinion générale
se déclaroit, non pas seulement contre
les mauvais maîtres, mais même contre
ceux qui ne savoient pas faire faire à
leurs esclaves leurs devoirs avec tout
ce que la douceur a de charmes; dans
le temps où l'on chassoit, pour ainsi
dire, de la société, l'homme qui étoit
seulement soupçonné de ne pas traiter
ses esclaves comme ses enfans.

ilsrendoient leurs esclaves plus heureux.

Quoi qu'il en soit, la vérité triomphe
tôt ou tard, et le prix de la vertu qui
vient toujours si lentement, finit un
jour par être donné à ceux qui ont de
la persévérance.

Réflexion sur la vérité.

Enfin, mes amis, mes concitoyens,
je vous ai vus dans le sens que le té-
moignage de mes propres organes vous
présente à mes esprits, et j'ai rougi de la
facilité avec laquelle on vous a calom-

Combien la calomnie est atroce contre eux.

niés. Je n'ai pu tenir à tant de mensonges, et j'ai osé, dans des occasions périlleuses, m'établir votre défenseur, non pas pour que vous m'en sachiez gré, mais parce que la force de la vérité m'emporte aisément.

Le desir de l'Auteur. J'aurois voulu posséder toutes les ressources de l'éloquence pour n'avoir rien à me reprocher dans cette défense légitime; mais au défaut du vrai talent qui lui convient, j'aurai du moins la consolation d'avoir eu le courage qu'exigeoit sa première entreprise. Le premier pas est toujours le plus difficile à faire, et bientôt vous en aurez d'autres qui me dépasseront et me feront oublier.

Aujourd'hui qu'un Gouvernement bienfaisant permet d'être juste, que j'éprouve de satisfaction en rendant à des hommes précieux comme vous, ce que la mère-patrie leur doit elle-même!

Je m'avoue avec plaisir leur ami et leur partisan , parce que je me crois véritablement Français; parce que je ne considère que ce qui peut-être avantageux à ma patrie; que je ne suis jamais l'esclave des mal-intentionnés qui pourroient m'entourer; que rempli de bonnes intentions, ou de pensées pures, je brave l'injustice de quelques-uns, même la haine de plusieurs, et que je me livre de bonne foi à ce que je crois l'avantage du plus grand nombre.

Habitans des Colonies , douce espérance de ma patrie , je vous ai souvent aidés à préserver votre vie , que ne puis-je aujourd'hui employer dignement ma plume pour rétablir la réputation qu'on s'est plu à vous arracher , ou à vous refuser !

Si le cœur suffisoit toujours pour rendre éloquent, je n'aurois rien à

logique
éblouis-
sante des
Nigrophiles

desirer ; je vous ramenerois bientôt les Nigrophiles ; et en les supposant tous sincères dans leurs vaines déclamations, ils seroient convaincus que je suis plus philanthrope qu'eux, ou du moins autant qu'eux, si vraiment l'humanité seule les fait agir. Je donne des faits incontestables, et je ne leur vois qu'une réthorique artificieuse. Mais la chaleur me manque, et leur feu attise tout ce que leur cœur a de romanesque.

Désintéressement
de l'Auteur.

Quant à moi, je suis bien sûrement désintéressé. Je ne tends point à m'élever, et je suis incapable d'y tendre par des voies contraires à la vérité, et toujours honteuses pour la noble fierté qui se sent la dignité d'homme. Je ne sollicite aucune place brillante, et n'ai jamais su demander.

Une sage obscurité, une utilité raisonnable qui ne fait point faire de l'esprit aux dépens de la tranquillité

publique, et votre estime très-hono-
rable, sont les seuls bienfaits que l'ambition me fait desirer. Aimez - moi
comme je vous aime, et nous nous
serons rendus mutuellement justice.

Dernière et courte réflexion.

Est-on embarrassé de la génération présente des Nègres ? Craint-on que parce qu'ils ont bu dans la coupe d'une liberté homicide, il y ait quelqu'inconvénient de les replacer dans l'esclavage ? Imagine-t-on qu'il faudroit souvent des exemples épouvantables pour les remettre et les contenir dans leurs devoirs ? Supposons-le, quoique de pareils hommes désarmés ne soient pas redoutables, et qu'il ne leur reste que des moyens lâches que l'on peut prévoir. Sans doute l'humanité exige qu'on épargne leur sang, et en tout il faut être juste et jamais inhumain.

Moyens de
purger les
Colonies des
mauvais
Nègres.

Eh bien, profitons de la circonstance pour nous former des relations importantes à Madagascar. Que tous les Nègres, et d'abord tous ceux qui ont porté les armes contre les Blancs, et par conséquent contre la mère-patrie, y soient envoyés.

Les Négriers, chargés de nous aller chercher des Nègres nouveaux, pourront l'être du transport de ces Nègres insurgés, et de les déposer sur les côtes Africaines, où l'on ne pourroit pas faire commodément le commerce d'esclaves.

Là, ces Nègres feront une patrie dont la France deviendra la protectrice, et munis des choses nécessaires, ils pourront s'y établir d'une manière solide.

Ils dessécheront ces côtes; et si vraiment ils aiment la guerre, ils la feront contre des hommes comme eux, et sur lesquels leurs nouvelles connoissances auront une supériorité certaine.

Avec le temps ils nous créeront une Colonie noire ; et avec la gloire de l'avoir consolidée, ils auront toutes les distinctions dont leur orgueil est affamé. Alors plus d'inconvéniens, et la nature, aussi bien que la raison, ne seront plus offensées par la confusion indécente et nuisible des Noirs avec les Blancs. Supposition d'une Colonie noire.

Nous avons encore l'île de Batam au Sénégal ; île vaste, délicieuse, jardin chéri de la nature, et que personne n'habite. Qu'une partie de nos Nègres insurgés aille s'y établir. L'île de Batam est un autre moyen. Ile délicieuse.

La France auroit ainsi deux espèces de ponts, qui nous mettroient en communication avec des contrées vraiment intéressantes pour toutes sortes d'objets politiques, dont le détail ne me paroît pas nécessaire à développer encore. L'avantage que la France pourroit y trouver.

Resteroit pourtant la grande question de savoir s'il est de l'intérêt Danger qui peut être à craindre des nations principales d'avoir des Colonies noires.

Comme je crois que dans le fond, elles ne seroient jamais dangereuses à l'Europe, si elles en étoient fort éloignées, je propose mon idée, comme philanthropique et politique, si toutefois elle n'est pas nuisible à la traite européenne.

Quoi qu'il en soit, je suis forcé de convenir en tout cas que le rétablissement général de l'esclavage est indispensable, et je voudrois qu'on pût faire autrement.

Cette vérité est si localement sentie, que la constitution noire et insurgente de Saint-Domingue, de l'an 9... annonce par un de ses articles, la nécessité de rétablir la traite ; les Nègres en conviennent eux-mêmes.

D'un autre côté, nous voyons sous nos yeux que les Nègres sont beaucoup

plus durement traités par les Nègres
que par les Blancs.

La manière extrêmement dure et
cruelle avec laquelle les Nègres insurgés forcent leurs cultivateurs à un léger
travail , la menace continuelle de la
mort, s'ils ne travaillent pas , et le
sabre toujours levé sur eux pour punir
la moindre désobéissance , sont bien
encore une preuve en faveur de l'esclavage, qui sûrement n'avoit pas besoin
de ces moyens terribles pour arracher
même à la terre tous ses trésors.

Le régime nègre est si dur, qu'il ne peut pas entrer en comparaison avec celui des Blancs les moins humains.

NOTES INDISPENSABLES

POUR CEUX QUI ONT LU CE QUI PRÉCÈDE.

1.

Production étonnante du territoire de Saint-Domingue. IL seroit possible de prouver que le territoire de Saint-Domingue particulièrement, est quinze fois plus productif que la France , et au moins aussi grand , en y comprenant la partie espagnole, qui malheureusement nous est cédée. Ainsi comme agricole seulement , il peut nourrir beaucoup plus d'habitans qu'en France. Si vous y ajoutez les arts dont l'agriculture est la mère, et si vous y mettez la population blanche qui lui manque , vous pouvez avoir dans cette île , seulement, une seconde puissance extrêmement redoutable , et tenir , au moyen d'une bonne marine, vos ennemis entre deux forces invincibles.

2.

En Afrique, on tient une boucherie de chair humaine, et l'étalage qui s'en fait, ressemble à celui que l'on a dans les autres parties du monde pour vendre la viande des animaux. C'est de cette partie de l'Afrique que nous viennent les *Mondongues* dont on fait très-peu de cas dans les Colonies. Si on ne les veille pas soigneusement, ils s'echappent souvent, et vont déterrer les cadavres dans les cimetières, pour en manger la chair.

Boucherie africaine.

3.

Dans les Colonies, *esclavage* ne signifie que *travail*. Voilà précisément pourquoi les affranchis ne s'y croient libres que pour ne rien faire ; aussi

La véritable signification du mot esclavage.

l'on ne peut pas, sans l'avoir vu, se faire une idée de la négligence que le Nègre libre met dans sa culture. La plus belle terre, sous ses mains, devient un désert aride, ou se remplit de mauvaises herbes et de lianes qui l'épuisent et la rendent au moins inutile ; le besoin le presse, et il fait voler l'esclave dont il est souvent le receleur.

4.

La transplantation est vraiment avantageuse à l'Africain noir.

Il faut que le Nègre quitte l'Afrique pour ressembler un peu à l'espèce humaine. Le vent d'est brûlant mêlé d'humidité, relâche tellement ses fibres, qu'il y est incapable du mouvement qu'exige le moindre travail. Il n'a de force que pour dévorer tout ce qui se présente à son appétit glouton.

Sa transplantation dans un pays moins dur que le sien, fait donc physiquement son bonheur. Il le fait

encore moralement, parce que le travail que les Colons appellent *esclavage*, est le seul moyen qui soit donné
à l'homme pour le développement de
ses facultés.

Le besoin contre lequel on crie tant, Les avantages du
besoin.
quand il est extrême, fait cependant
naître le travail, sans lequel l'homme
n'est qu'une brute. C'est lui qui l'aver-
tit, qui le presse, qui le détermine, qui
le pousse à un travail indispensable
pour lui-même, et d'une utilité réelle à
la chose publique. On ne le sent presque pas dans les pays chauds, où la
nature travaille seule, où l'homme,
sans énergie, sans ambition, peut
croupir dans un repos impolitique.
Mais il est un tyran impérieux dans les
pays froids, où l'homme doit faire tant
de choses pour réveiller la nature dont
il attend les secours souvent tardifs.

Dans les pays froids, l'homme tra-

K

vaille de lui-même, et travaille toujours beaucoup; dans les pays chauds,
il faut le contraindre au travail, et
toujours son travail n'est jamais ce qu'il
devroit être. Il faut donc ordonner le
travail dans les Colonies; ce travail
doit donc y être contraint. Or,
qu'est-ce que le travail contraint? c'est
l'esclavage.

L'esclavage dans les Colonies n'est
pas, comme le croient, ou comme certains Européens font semblant de le
croire, le droit de mutiler ou de tuer,
ou seulement de maltraiter les Nègres.
Personne n'y a ce droit, pas plus que
les brigands n'ont, en Europe, celui
de vexer et d'égorger. On n'y a que
le droit d'exiger le travail nécessaire;
et comme la paresse est un crime capital dans un pays purement agricole,
on a celui de punir l'homme paresseux,
qui, comme le frêlon, dévore la subs-

tance des abeilles laborieuses. A la présence de la liberté générale, toutes les abeilles ont disparu, et on ne voit plus à Saint-Domingue que des frêlons et des guêpes.

5.

Les Nègres se haïssent tous mortellement les uns les autres, et la superstition le leur commande. Ils n'aiment que ce qu'ils appellent dans le langage créole, *nation à moé*. Or, il est rare qu'ils trouvent des camarades de leur pays natal, de leur cahute; ainsi tous ceux qui n'ont pas la même marque au visage, deviennent entr'eux des ennemis implacables.

Faites donc jamais un peuple civilisé avec des hommes qui ont de semblables dispositions, et dont les enfans Créoles héritent en entier; avec des hommes dont les générations sont si lentes à

K..

Haine naturelle entre les Nègres.

Impossibilité de civiliser, proprement, les Nègres.

venir dans nos Colonies, et qui portent une haine décidée contre les Blancs, qui sont leurs bienfaiteurs et leurs pères.

Que de siècles il faudroit pour purger, seulement un peu, ce ramas impur qui vient de tant de pays différens à-la-fois ; de ces contrées où tous les vices président à leur naissance, et qui font la plus grande partie du limon grossier dont ils sont pétris !

Beaucoup d'Européens sont excusables, sans doute, dans leurs méprises ; c'est l'humanité qui les inspire, et les faux renseignemens qui les trompent. S'ils avoient vu et observé, ils penseroient différemment. Voilà le grand inconvénient de parler de ce qu'on ne sait pas. On a un excellent cœur, et l'on est ignorant; on a de l'influence, et on accumule les plus grands maux sur des têtes innocentes,

pour avoir voulu seulement satisfaire
à un sentiment trompeur. Les Colons,
dont la générosité et le cœur sont peut-
être incomparables, deviennent des
monstres qu'on repousse par-tout, tandis qu'ils devroient être souvent des
modèles à rechercher.

6.

Ce n'est que depuis la révolution
qu'on a compris les Nègres et autres
de ce genre parmi les Colons. Ce mot
a toujours été usité pour désigner la
classe blanche des Colonies, livrée
aux soins et à l'inspection de la culture, et qu'on appelle aussi Planteurs,

Ce qu'on doit entendre par le mot de *Colon*, ou *Planteur*.

7.

On a tant de bonne-foi et de simplicité parmi les Européens qui parlent
des Colonies, qu'un d'entr'eux parut
fort étonné que ma femme et ma fille

Singularité de quelques Européens.

qui sont Créoles, fussent d'une grande blancheur. On n'est pas encore désabusé sur cet objet. La plus grande partie de notre nation qui se dit éclairée, croit réellement qu'on doit être noir, parce qu'on est né dans un pays chaud, tandis que les Colons voient avec une surprise extrême une Créole blanche, dont le teint n'est pas d'un beau blanc : tant il est vrai qu'il faut bien connoître pour bien juger !

8.

On doit la traite aux Espagnols, et les Espagnols la doivent à la religion chrétienne qui commande l'humanité, sans s'opposer aux vues sages de la politique. Ainsi l'année 1503 est remarquable par un bienfait qui devroit être célébré par tous les Africains, et qui fait tant de mal aujourd'hui aux Blancs, propriétaires de Saint-Domingue.

9.

Ce n'est que plus d'un siècle après les Espagnols, que nous avons adopté la traite. Nous avons trop tardé, puisqu'il s'agissoit d'un acte de bienfaisance qui a sauvé tant de peuples entiers, et qui a fertilisé tant de pays qui seroient encore sauvages. Nous nous sommes trop hâtés, puisque la récompense de tant de bienfaits et de travaux utiles devoit être l'égorgement, l'incendie, et le pillage de la part de ceux mêmes que nous avons sauvés, soulagés, nourris et instruits, qui seroient encore au - dessous des animaux, si nous les eussions laissés dans leur patrie marâtre.

10.

Dans le moment présent, où nous avons la divine paix, le moindre in-

de la partie
espagnole
de Saint-
Domingue,

convénient de la partie espagnole dont nous avons accepté inconsidérément la cession, est de nous être parfaitement inutile. En nivôse an 9, nos fonctions nous permettant de présenter au Ministre de la Marine et des Colonies, tout ce que nous savons d'utile pour les Colons, je présentai un rapport en forme de mémoire. J'ai cru y démontrer *la nécessité politique de ne point accepter la cession de la partie espagnole de l'île de Saint-Domingue*, en faisant voir *l'impossibilité de soumettre les Français Colons à la vie de pâtre que le Colon Espagnol chérit en tout temps;* en montrant *l'inconvénient de n'avoir plus de viande fraîche, si les Espagnols quittent cette Colonie;* et *celui aussi considérable de n'avoir plus d'espèces monnoyées que nous fournissoient abondamment les Espa-*

gnols, comme co-propriétaires avec nous de l'île de Saint-Domingue ; en prouvant *la bonne politique que deux grandes nations soient intéressées à la conservation de cette île* ; en pesant enfin sur *la considération importante que la partie espagnole n'est pas aussi bonne par-tout que l'on affecte de le dire assez généralement, et qu'elle est en même temps, en plus grande partie, beaucoup plus inférieure à la partie française, sous le point de vue même que cette terre est extrêmement vigoureuse, et qu'elle donneroit long-temps beaucoup plus d'eau que de sucre ; qu'il nous en coûteroit beaucoup de monde pour en ouvrir la terre et la défricher ; que nous n'avions même pas de bras et d'argent suffisamment, à beaucoup près, pour relever promptement la partie française*, etc., etc.

Notre population , quand même elle ne seroit pas affreusement diminuée par les carnages de la révolution coloniale, depuis près de douze ans, ne nous donneroit pas l'espérance, dans un siècle , de faire usage de cette partie. En temps de paix , elle ne servira donc que de refuge presqu'impénétrable , d'où les Nègres marrons , insurgés , et d'autres mauvais sujets ne sortiront que pour venir harceler souvent avec impunité la partie Françoise.

Mais en temps de guerre , ce sera encore pis. Nous aurons perdu la puissance qui pouvoit la garder , et nous aider encore à conserver la nôtre. Nous aurons perdu la mine d'où découloit l'or dont nous avions besoin souvent pour l'entretien de nos troupes , et nous n'aurons plus l'occasion d'un débouché pour nos marchandises grossières.

Enfin, plus un territoire est grand, plus il exige de population, ou du moins l'extension de cette population qui nécessairement amincit sa force à mesure qu'elle s'étend. On ne doit augmenter de terrain qu'en proportion de l'augmentation du peuple qui l'acquiert.

Pour nous, en ce moment, c'est le contraire. Plus notre population diminue et plus nous acquérons de terrain. Certainement si ceux qui connoissent parfaitement les Colonies avoient été consultés, ils se seroient bien donné de garde de consentir à l'acceptation de la cession de la partie espagnole de Saint-Domingue, et les Espagnols ont montré une profonde politique dans cette cession qui ne peut que nous nuire infiniment.

Ce n'est jamais l'esprit de conquête qui est très-difficile ; c'est l'esprit de

conservation qui manque toujours.
Il paroît que l'Espagne renonce au
projet d'agrandissement territorial, qui
est la cause de sa décadence ; et si elle
se détermine enfin à n'avoir de terres
qu'en raison de sa vraie population ,
elle reprendra bientôt l'illustration
dont elle jouissoit sous Charles V.
Pour s'agrandir, il faut qu'elle se
rappetisse ; il paroît qu'elle le sent ,
et nous devrions lire un peu mieux
dans l'avenir.

11.

L'inconvé-
nient
du Nègre
en France.

Depuis la révolution, le sang Africain ne coule que trop abondamment dans les veines des Parisiennes
mêmes.

Il est vrai que l'espèce de femmes
qui s'allient aux Noirs , est la plus vile
de Paris et des départemens.

Mais il en naît de gros mulâtres ren-

forcés, plus bronzés même que dans
les Colonies.

Ces mulâtres épouseront eux-mêmes
quelques-unes de ces femmes, et leur
troisième ou quatrième génération peut
se mêler à des femmes plus relevées.

Si cet abus subsistoit plus long-
temps, il attaqueroit donc jusqu'au
cœur de la nation, en en déformant
les traits, et en en brunissant le teint.

Le moral prendroit alors la teinte
du physique, et la dégénération entière
du peuple Français ne tarderoit pas à
se faire appercevoir.

Dans les Colonies, les Blancs de la
basse espèce recherchent particulièrement les Négresses, et les autres
s'attachent aux Mulâtresses. Tous sont
excusables à un certain point, parce
que la rareté des femmes blanches en
est la cause.

Mais peu contractent avec elles des

nœuds sérieux. Ceux qui se marient avec elles, sont plus mulâtres que les Mulâtres même. Les premiers le sont par vice de cœur, par bassesse d'ame; tandis que les autres, qui ne sont pas maîtres de leur naissance, peuvent avec quelque justice s'en prendre à la nature de les avoir maltraités. Ces derniers peuvent être très-honnêtes, mais les autres ne le sont jamais.

Aussi on les méprise presqu'autant qu'ils le méritent, parce que l'intérêt sordide et la cupidité sont la base constante de leurs liens honteux.

Les esclaves qui regardent un Blanc comme une espèce de divinité, à cause de son intelligence si supérieure à la leur, écrasent d'un mépris souverain et souvent inhumain, parce qu'il est dans leur essence d'être extrêmes, ce qu'ils appellent les *mésalliés*. Ils leur donnent familièrement le sobriquet de *Caca-*

(159)

Blanc. Ils expriment par cette désignation humiliante, ceux que la classe
divine des Blancs rejette comme excré-
mens.

En France, les Blancs, même Nigrophiles, ne peuvent supporter l'odeur
nauséabonde, le teint nocturne, et la
tournure gauche des Négresses habil-
lées à la française.

Dans le fait, la Négresse est pis en
France que dans les Colonies, où la
simplicité élégante de ses atours fait
beaucoup plus valoir ses charmes
d'ébène, par le développement que la
chaleur donne à sa peau.

Dans les Colonies, on ne voit point
de femmes blanches, même aussi viles
qu'on peut l'imaginer, pour ces contrées
où l'impureté n'est point publique,
qui s'allient aux Nègres; et s'il se peut
qu'elles aient eu quelqu'intrigue de ce
genre, elles ont eu l'art de tenir leur

honte si secrette, qu'on n'a pu tout au plus y avoir que quelque soupçon.

Mais en France où il y a tant de femmes qui à la nuit tombante, et comme les chauve-souris, rasent le coin des rues, on en trouve d'assez corrompues pour accepter les propositions pécuniaires des Nègres qui les accostent.

Souvent même elles les épousent, croyant à la fortune que les Nègres ne manquent jamais d'exagérer extraordinairement, et elles quittent ainsi un métier qui les lasse.

Le Nègre, tout fier de sa conquête, qu'il ne feroit sûrement pas dans les Colonies, la promène par-tout, et partout on voit la répugnance nationale regarder cette conjonction, au moins comme une singularité qui choque. La femme elle-même, toute impudique que je dois la supposer, finit par rougir de sa sottise. Heureuse encore si son noir mari ne l'écrase pas sous les coups de sa jalousie noire et féroce !

Autrefois pour empêcher ces actes immoraux, ou au moins impolitiques, on ne recevoit les Nègres en France qu'avec la plus grande peine ; et comme on peut revenir de toute erreur, on peut espérer que les amis des Noirs redeviendront les amis des Blancs.

12.

J'ai entendu des Européens de beaucoup d'esprit et de jugement me soutenir, avec une logique vraiment captieuse pour tous ceux qui n'ont pas d'expérience sur la chose, que la différence du climat faisoit nécessairement celle de la peau, et vraiment on pouvoit sans honte être séduit par leurs raisonnemens.

Ils me citoient les paysans, les Bergamasques, tous ceux qui travaillent

toute la journée à l'ardeur du soleil ,
et dont le teint est vraiment basanné.

Je leur répondis qu'il y a bien loin
encore de ces hommes aux Nègres ; que
d'ailleurs, cette couleur forcée n'est que
momentanée ; qu'elle n'est répandue
que sur les parties du corps exposées à
l'air libre et brûlant ; que peu de temps
après avoir abandonné leur état de
peine, ils reprennent leur teinte naturelle, ou à peu de chose près ; et
qu'en tout cas, ils ne la communiquent jamais à leurs enfans qui ne l'acquièrent que, comme leurs pères, en
travaillant à l'air qui les hâle ; qu'enfin
cette sorte de détérioration cutanée ne
dépasse pas le dessus du tissu cellulaire.

Ils me répliquèrent que mon objec-
tion pouvoit être juste pour l'Europe,
où le mordant du soleil n'est pas cons-
tant ; mais que sous un climat aussi
brûlant que l'Afrique, les siècles pou-

voient faire pénétrer cette tache au dedans de la peau, et porter même quelque différence dans le sang de ces hommes qui sont tout nuds, et sous la ligne la plus proche de l'astre bienfaiteur et dévorateur.

En ce cas, leur répartis-je, le contraire doit arriver, et le Nègre doit devenir blanc en Europe, après y avoir passé autant d'années qu'on voudra le supposer.

Cependant il est de fait que s'il épouse successivement une Négresse, ses enfans sont plus noirs, même en Europe, que dans les pays chauds. Non-seulement sa couleur n'y diminue pas, mais elle s'y prononce d'une manière plus forte encore.

Un autre fait aussi étonnant détruit encore l'assertion de ceux qui soutiennent que le climat influe entièrement sur la couleur des hommes ; et le voici :

L..

Il est clair que le Blanc devroit à son tour devenir noir en Afrique. Il est tout simple, d'après ce principe, que ceux qui habitent nos comptoirs sous la zône Africaine, de père en fils, et de temps immémorial, devroient au moins se ressentir de ce long séjour par une altération quelconque de leur teint. Cependant leur couleur n'y diminue jamais.

Il y a plus, c'est que la couleur de nos Créoles blanches est invariable dans les pays chauds, et que communément leur blancheur est plus belle qu'en Europe.

Il faut donc en conclure que les différentes couleurs qu'ont reçues les hommes de toutes les parties de la terre, est une volonté déterminée de la nature, et une indication certaine de plus ou moins d'intelligence. Pourquoi ? je n'en sais rien. Je rapporte

les faits et ne me mêle point d'en expli-
quer les causes que je ne puis atteindre.
Sous le point de vue de notre sainte
religion, le moins qui puisse arriver
au Nègre, c'est de descendre de Caïn,
et d'avoir les vices des mauvais anges.

Quoi qu'il en soit, il est certain que
le Nègre est noir par-tout, et que le
Blanc ne change nulle part. Ce fait est
incontestable pour l'homme qui a
voyagé comme moi.

Le Nègre qui s'ennoblit en s'alliant
à la couleur blanche, communique
sa tache jusques à ses derniers reje-
tons qui ont épousé successivement
des Blanches, et les sangs mêlés sont
toujours reconnus à la tache noire et
originelle qu'ils portent aux parties
de la génération. Voilà la vérité, et
je l'expose, à mon ordinaire, sans
exagération.

Tout ce qu'on a dit pour rapprocher
le Nègre du Blanc, et les faire sortir

tous deux de la même souche, n'est donc que de l'esprit, et l'esprit ne séduit point la nature. Les loix de cette dernière sont invariables. L'homme peut déraisonner tant qu'il veut; mais pour elle, rien ne peut la troubler dans sa marche.

Il faut donc que l'Européen renonce aux jeux de son imagination, et qu'il convienne un jour de bonne-foi et honorablement qu'il s'étoit trompé, que les Colons sont dignes constamment de son amitié, et assez souvent de son admiration.

13.

Nécessité d'une section des Colonies L'Annuaire de la Marine de France de l'an 9, article *Colonies*, paroît avoir eu le but de suggérer l'idée d'une *section des Colonies*, pour faire en quelque sorte le pendant de la *section de Marine*.

Si ce projet s'exécutoit, il deviendroit d'une grande ressource pour le

Gouvernement qui veut qu'on l'éclaire sur toutes les parties, parce qu'il est pénétré du desir continuel de multiplier ses bienfaits sur toutes les possessions françaises.

Jamais on ne trouvera pour le réaliser des circonstances plus favorables que celles où nous nous trouvons, où il s'agit du rétablissement des Colonies.

M. Forfait, ce ministre dont l'exercice a mérité l'éloge de tous les honnêtes gens, et la reconnoissance de plusieurs, ne paroissoit point éloigné d'en former lui-même la demande.

Attaché sincèrement à ses devoirs, digne de la considération particulière du Gouvernement, il écoutoit avec bonté, avec un intérêt même paternel, et avec cette patience qui caractérise un cœur vraiment sensible, tout ce qui pouvoit tendre à faire cesser les maux extraordinaires des Colons. Ses formes gracieuses, et comme homme

Opinion de
M. Forfait.

Ce que les
Colons pensent de lui.

de lettres et comme savant, enhardis-
soient l'homme timide dont les idées
ne sont pas souvent les moins utiles,
et tout, jusques à ses refus, portoit
l'empreinte de l'homme d'état, qui
regarde l'autorité qu'on lui confie
comme un prêt, et non pas comme
un don. Les Colons, témoins de ses
intentions bienfaisantes pour eux, de
ses regrets de n'avoir pu faire pour leur
avantage tout ce qu'il desiroit, con-
serveront long-temps le souvenir de
ses qualités aimables.

La paix favorable à la naissance de la section des Colonies Cependant il ne demanda point
qu'on établît une section des Colonies,
vraisemblablement parce qu'il pensa
que le temps n'en étoit pas encore
venu ; mais aujourd'hui l'époque de
l'heureuse paix marque nécessairement
l'instant de sa naissance.

But principal de cette section Cette section est desirée, parce que
son temps seroit tout employé au béné-
fice des Colonies, qui doivent un jour

en procurer d'énormes à la mère-patrie. Les mémoires et les ouvrages sur les Colonies y seroient lus et examinés, et l'on auroit les renseignemens les plus précieux sur des objets entièrement inconnus aux Européens qui n'ont point été dans les Colonies, ou qui n'y ont été que passagèrement, ou qui n'avoient pas l'esprit d'observation pour saisir les localités.

Un directeur ministre des Colonies ne seroit même pas hors de propos. Il travailleroit de concert avec le ministre de la Marine et des Colonies. Il prépareroit par lui-même, ou par ceux qui travailleroient sous ses ordres, et rassembleroit les matériaux nécessaires au Gouvernement pour relever le monument prodigieux des richesses coloniales.

Le ministère de la Marine et des Colonies ne peut être comparé à rien,

<table>
<tr><td>et des
Colonies.</td><td>pour l'étendue, pour les devoirs. Ses regards se portent d'un bout du monde à l'autre, et connoît de toutes les matières.</td></tr>
<tr><td>Il est un et
indivisible.</td><td>Déja l'on avoit senti dans l'ancien régime l'injustice d'exiger d'un seul homme, de l'exercer dans toute la rigueur, et d'en embrasser à-la-fois les branches innombrables. On vouloit même faire des Colonies un ministère séparé, et c'étoit voir mal. On n'a pas mieux vu, en cherchant à le dépouiller.</td></tr>
<tr><td>Remède à
sa vaste
étendue.</td><td>Il semble donc que l'on remédieroit à tous les inconvéniens qu'on peut lui supposer dans sa grandeur par la création d'une section, d'un Directeur-ministre, et par le détail distinct et séparé des fonctions de chacun.</td></tr>
<tr><td>Avantage
de
ce remède.</td><td>Le Ministre de la Marine et des Colonies seroit le point central où tout iroit aboutir. Sa responsabilité seroit</td></tr>
</table>

moins pesante , ses lumières seroient plus sûres , et les affaires des Colonies mieux conçues , plus promptement expédiées, sur-tout si l'on est scrupuleux sur le choix.

M. Devaivres, autrefois intendant-général, aujourd'hui chef de l'administration générale des Colonies , mériteroit, principalement dans cette occasion, qu'on fixât les regards sur ses talens d'administrateur. Sa longue expérience , jointe à ce que la délicatesse a de plus scrupuleux , ne pourroit manquer de lui faire obtenir une des premières places. On la devroit également à ses anciens services dans les Colonies , et à son attachement sincère pour le Gouvernement actuel.

S'il n'est point écrivain , c'est qu'il ne le veut pas ; il sait beaucoup , et il écrit purement. Il ne devroit donc pas être condamné à l'obscurité , ni ex-

Un mot sur M. Devaivres.

posé à la petite jalousie des bureaux.

Il est rare que l'homme à talens perce les nuages dont on affecte de l'entourer dans la bureaucratie moderne. On ne peut pas se dissimuler que la comédie *Médiocre et Rampant* ne peigne assez bien ce dédale obscur où toujours quelque minotaure s'engraisse des victimes qu'il dévore.

Un Ministre est bien-intentionné, sans doute ; mais parmi les honnêtes gens qui l'entourent, il ne faut qu'un tartuffe séduisant pour lui faire naître secrètement une prévention contre un employé qu'il n'est pas à même de connoître particulièrement. Ce malheureux employé n'a souvent contre le tyran subalterne qui veut le perdre, que le tort irrémissible de valoir mieux que lui.

Un Ministre veut le bien, et on lui fait faire le mal ; il a le louable desir

d'être juste, et il fait des victimes; il voudroit se faire aimer, et on le déteste.
Pourquoi? parce qu'il est obsédé par des
hommes qui ne le quittent jamais; ces
hommes, qui, malgré leur ignorance,
obtiennent, à force d'user la patience
du Ministre, un ascendant que la bonté
et la pitié accordent aisément. Malheureusement tous les hommes ont
leur côté foible, et le vil flatteur n'est
pas long-temps à le connoître; alors
il fait tout le mal au nom du Ministre,
et il a grand soin de suggérer que l'idée
du bien vient de lui seul. Voilà ce qui
n'arrive que trop souvent....

Cet examen nous procureroit des
détails extrêmement curieux, mais
qui nous coûteroient beaucoup de
soins.

Il faut donc convenir que la place
de Ministre doit mériter d'autant plus
de considération, qu'elle est entourée

Il lui est difficile de n'être pas trompé.

de bien des écueils, que l'homme le plus savant, le plus politique ne peut se flatter d'éviter, parce que de toutes ses fonctions, la plus difficile est de bien choisir les sujets convenables.

Le mérite est timide, et ne sait pas demander ; il recule toujours. Comment voulez-vous qu'on le connoisse ?

La médiocrité s'avance sans cesse, et son masque d'hypocrisie la fait passer par-tout. On ne voit qu'elle ; il faut bien qu'on s'en serve.

Les gens de mérite sont donc dans leur tort de ne pas se faire connoître, et leur modestie mal placée devient donc complice des maux qu'ils laissent propager par l'ignorance et l'intrigue. Leur réserve est-elle sensée ? Est-ce vertu, est-ce orgueil de leur part ? Je crois de bonne-foi qu'il y a un peu de l'un et beaucoup de l'autre.

Je voudrois aussi, pour le bien de l'Etat même, que tous ceux qui soutiennent les Ministères par leur utilité, fussent honorés de quelque considération, et qu'un employé qui est le commis d'autrefois, n'eût pas l'humiliation d'être renvoyé comme un laquais. Son état ne doit pas être précaire, si l'on veut qu'il s'y distingue. L'homme n'est que ce qu'on le fait, et souvent il suffit de lui supposer des vertus pour lui en donner. *Observations générales sur les Employés.*

D'ailleurs tout homme qui travaille dans les bureaux de l'Etat, ne fut-il qu'un simple expéditionnaire, est nécessairement au-dessus de l'éducation commune, et si l'on fait attention que la révolution a jeté dans les bureaux beaucoup d'hommes de lettres et de savans, on n'en sera que plus disposé à recevoir l'idée que je mets au jour. *Leur personnel.*

Abus
à réformer.

Il est possible pourtant que la révolution y ait également jeté de la mousse impure, et que ce soit le motif de l'espèce de dédain que l'on prodigue à flots sur les employés en général; dédain qu'on ne jetoit sûrement pas sur les commis qu'ils ont remplacés. Eh! bien, supposons que des individus indignes de toute estime s'y soient glissés à la faveur des nuages révolutionnaires.

L'encoura-
rement qu'on
leur doit.

Dans ce cas, au lieu d'écrêmer, qu'on écume; et quand on aura consommé sagement cette opération, quand on aura remis chacun à sa place, que le père de famille, l'ancien serviteur ne tremblent plus d'être, lui et sa famille, sans pain au premier jour! qu'il s'honore de son état; qu'il soit sûr d'y rester, et de s'y élever par sa bonne conduite!

Moyen
d'avoir
d'excellens
sujets.

Alors on aura d'excellens sujets, consommés dans leur profession; et le Ministre qui viendra d'être nommé, sera le lendemain de sa nomination aussi avancé, pour ainsi dire, que s'il n'y eût point eu d'intervalle dans le ministère. Les affaires n'éprouveront aucune lenteur, et nécessairement le Gouvernement et le public seront servis sans interruption.

A chaque changement de Ministre, la situation des employés, depuis les chefs de division jusques aux garçons de bureaux, est vraiment digne de pitié. Chacun craint pour soi, et personne, dans le nouveau systême, n'est sûr de conserver sa place. *Situation des Employés à chaque changement de Ministre.*

Depuis la révolution particulièrement, les bureaux sont une espèce d'anti-chambre, où se répand la crainte la plus servile, et je n'ai pas le moindre doute que cette crainte ne fasse beaucoup de tort à la chose publique, parce qu'il n'est point de petit *Ce qu'ils sont depuis la révolution.*

M

mécontent qui n'occasionne une tache à l'éclat de sa nation, et que cette tache ne s'étende, si l'employé a du mérite et par conséquent des partisans.

Contraste
frappant.

Pourquoi, depuis la révolution, a-t-on affecté de donner plus particulièrement une forme désobligeante à ceux qui sont, si je puis m'exprimer ainsi, l'atmosphère des astres politiques dont ils nourrissent la lumière? Pourquoi ne se ressentent-ils pas au contraire de l'éclat qu'ils environnent? Doivent-ils être dans l'obscurité, parce qu'ils approchent de plus près ce qui éclaire tout le monde? Enfin, pourquoi a-t-on l'air par-tout de ne faire aucune différence entre eux et ce qu'on appeloit ci-devant *rats-de-cave*, qui n'étoient eux-mêmes que des *employés*, que les valets des fermiers généraux?

Le mot d'*employés* n'est donc qu'une épithète vague, insignifiante, ou qui

Le ridicule
de
l'expression
d'employé.

ne suppose qu'une intention offen-
sante de la part de ceux qui disent *mes
employés*, comme on dit *mes laquais*.
C'est même une absurdité, car c'est
un adjectif sans substantif, et l'ignorance, gonflée d'orgueil, ne l'emploie
comme substantif que pour humilier
une classe d'hommes intelligente, la-
borieuse, et qui ne passe pas un jour
sans un travail dont les résultats tournent au profit de la chose publique.

Il faut donc rendre à chacun ce qui
lui est dû, ne désobliger que l'homme
inutile, et sur-tout se bien garder de
flétrir la noble fierté de ceux qui ne
montrent que l'utilité des facultés in-
tellectuelles. Si l'on avilit l'esprit, le
corps ne tardera pas à se corrompre.

Le Gouvernement qui ne s'occupe
qu'à faire des heureux par sa justice
et ses encouragemens, ne désapprou-
vera certainement pas une observation

M..

Utilité
d'élever
l'état des
hommes.

qui ne tend qu'à lui rattacher des hommes précieux.

Il s'occupera quelque jour à fixer, à encourager les hommes dont les travaux lui sont journellement indispensables, et qui sont les ressorts secrets de la machine publique en mouvement. Si leurs noms ne paroissent pas, on se ressent tous les jours dè l'utilité de leurs occupations, et il ne convient pas que l'homme de mérite qui ne dit rien, soit écrasé par l'orgueilleux qui parle beaucoup et rapporte tout à lui. Nous sommes dans un siècle de lumières, et l'on doit voir par-tout.

Le Gouvernement ne permettra plus que ces hommes laborieux, devenus sans consistance, dépendent du caprice, de la tyrannie, ou de la mauvaise humeur. Il leur assurera un sort, pour que, dans leur vieillesse, ils bénissent encore leurs chefs, et fassent passer cet amour à leurs enfans.

Ceux que l'on sera forcé de renvoyer, le seront par leur impéritie ou par leur malversation, et seront jugés régulièrement par une commission *ad hoc*.

Le renvoi sera déshonorant; mais la politique y gagnera, en même temps que la vertu aura une existence solide.

Le Gouvernement leur enlèvera aussi la tache, pour ainsi dire, d'*employés*, à laquelle la délicatesse républicaine et française répugne. Il leur substituera une nouvelle désignation qui annoncera mieux l'élévation de leur emploi, de leur office, et qui leur rendra une considération que leur utilité mérite dans le monde.

Les mots et l'habit ne sont point indifférens pour faire les hommes de la société; c'est souvent de cette manière qu'on leur inspire une honte salutaire qui les empêche de se compromettre,

L'homme utile qui n'inspire aucune
considération aux autres, se décourage
aisément, et ses talens, qui ne peuvent
pas rester dans l'inaction, finissent
assez souvent par prendre une fausse
route, parce qu'on n'a pas su les
mettre à leur place.

Si les bornes étroites d'une note ne
nous arrêtoient pas, nous pourrions
encore nous étendre beaucoup plus
sur cet article, bien plus important en
bonne politique que certains orgueilleux, sans doute, ne se l'imagineront.

Nécessité de l'accord pour l'harmonie générale.

Une république ressemble assez à
un luth, dont toutes les cordes n'ont
une harmonie générale que par le
plus juste accord. Tous les soutiens
d'un Gouvernement, et tous ceux qui
le servent civilement ou militairement,
sont ses *employés*, forment une chaîne
qui lie la société; et si l'on en néglige
le plus petit chaînon, la grande chaîne

ne tarde pas à perdre de sa force, en occasionnant le relâchement à tout le reste de l'ordre social.

Je connois des hommes vils, mais je ne connois point d'état qui le soit, proprement dit, et tout homme qui se croit au-dessus de celui qu'il a choisi librement, est évidemment au-dessous.

14.

Si l'on examine les maux en tous genres des Colonies, et les difficultés qui se hérissent sans cesse par l'insti- gation de l'orgueil contre tous ceux, en général, qui travaillent dans les bureaux de l'Etat, on conclura sans peine que les Colons et les Employés sont les plus malheureux de la répu- blique, quoique les uns et les autres prouvent qu'ils ne lui sont pas les moins fidèlement attachés. Mais le temps arrive où chacun reprendra sa place , comme il convient.

15.

Les Colonies ne doivent pas être l'égoût de la mère-patrie.

Vers la fin de l'ancien régime , on renonçoit à envoyer les mauvais sujets et les ignorans dans les Colonies. On commençoit à se douter que ces belles contrées ne doivent pas être l'égoût de la mère-patrie.

Les hommes tarés sont bien à craindre pour les Colonies.

Dans le fait, si on y envoie des hommes tarés , on y corrompt les mœurs qui ont une tendance naturelle à la simplicité agricole , et c'est un contraste trop frappant avec la pureté du ciel. Ce sont les mauvais sujets et les gens sans mœurs , sans vergogne, qui sont la cause de la perte de Saint-Domingue.

Les ignorans y compromettent le Gouvernement.

Si l'on y envoie pour chefs des igno-rans , ils ne font que des sottises qui deviennent d'autant plus préjudiciables à l'état principal lui-même , que ces hommes , ordinairement entêtés et despotes , sont éloignés de la première autorité qui pourroit les contenir.

Que de choses à dire , à cet égard , que j'ai vues, et que je n'ai pas le temps de développer !

Le système sur-tout où l'on étoit de donner constamment la préférence à l'ancienneté de service , qui étoit juste quelquefois , faisoit souvent beaucoup de tort au vrai mérite. En effet, ce ne sont pas les années qui font l'expérience ; c'est le travail , et sur-tout l'observation qui fait les hommes instruits. Qu'on se rappelle sur-tout qu'il est impossible de relever un beau monument avec des pièces pourries.

L'ancienneté
de service
n'est pas
toujours un
droit à la
préférence.

16.

Le système d'établir la liberté dans une île, et l'esclavage dans d'autres ,

L'unifor-
mité
d'esclavage
est indis-
pensable.

offriroit les plus terribles inconvéniens en politique. Ce seroit faire naître la paresse dans l'une, et répandre le découragement ou fomenter même les insurrections dans l'autre. L'uniformité du principe peut seule rendre aux Colonies ses forces et ses richesses.

Les Nègres ne méritent plus de pitié.

Les Nègres fournissent plus que jamais eux-mêmes, par leur ingratitude envers le Gouvernement, par leur insurrection contre lui, par leurs férocités contre les Blancs, l'occasion de rétablir leur régime dans toute son étendue. Ils se sont déclarés trop de fois nos ennemis naturels, pour être encore dignes de notre pitié. Il n'y a plus parmi eux, pour ainsi dire, que des criminels à punir.

Récompense des bons.

Ceux qui se comporteront bien, et certainement ils seront en petit nombre, recevront leur liberté, comme on la leur donnoit autrefois.

Quant aux autres, il faut les expatrier ou les enchaîner. Il n'y a pas moyen de faire autrement, si l'on veut que la tranquillité publique ne soit pas troublée à chaque instant.

Moins on leur montrera de fermeté dans le commencement, plus leur insolence s'accroîtra. Point de transaction avec les traîtres, point de paix à faire avec des sujets rebelles. On doit les poursuivre comme des brigands; il faut les traiter en vainqueur, les soumettre et les punir.

Les montagnes où ils se réfugieront ne sont point inaccessibles à la valeur des Français, et leur rage finira aussitôt que leurs ressources et leur nombre diminueront.

Il ne faut pour cela qu'un peu de temps; et des troupes suffisantes les éloigneront assez des lieux où l'on cultive la plaine; on les repoussera

bientôt dans les triples montagnes ,
où , les harcelant sans cesse , ils périront
de misère.

Méfiance contre ceux qui se rendront. Il y a mieux, ils se rendront bientôt
en foule, mais que l'on se méfie même
de leur soumission. On doit savoir
la patience et le temps que les Nègres
savent mettre à leur vengeance ; leurs
ruses pour se venger sont incroyables.

Juste récompense Que l'on surveille donc avec grand
soin , et que l'on récompense aussi
avec justice ceux que l'on enrégimen-
tera , et qui serviront à repousser et
poursuivre les brigands dans les plus
hautes montagnes.

Qu'on donne aux bons Nègres tant
par tête de rebelles , la moisson sera
bientôt abondante et journalière.

L'amour excessif des Nègres. Que l'on fasse sur-tout en sorte de
soustraire les femmes des révoltés.
La passion de l'amour qu'ils ne peuvent plus satisfaire librement, est telle

chez eux, qu'elle seule est capable de les réduire. Ils ne craignent pas beaucoup la mort; mais ils redoutent extraordinairement les souffrances et les privations physiques.

Avares et sensuels, on en fait tout ce qu'on veut avec de l'argent et les jouissances des sens. L'éloquence et la morale n'ont aucun effet sur eux; la chaleur de leur sang n'admet que la superstition et les effets purement matériels.

Ils sont avares et sensuels.

Je finis cette note en disant qu'il ne faut, pour relever les Colonies, qu'un grand sabre et un grand Administrateur. Ceux qui se connoissent en Colonies m'entendront parfaitement.

Un grand sabre et un grand Administrateur.

17.

Pourquoi les Colons n'auroient-ils pas aussi des membres pour eux dans

Représentation des Colonies au Corps

le Tribunat, dans le Corps législatif, destinés à s'occuper de leurs intérêts? Les États accessoires qu'ils habitent sont également Français, et ne le cèdent point en importance aux autres États. Mais sur-tout que l'on se rappelle que le malheur des Colonies est d'avoir toujours été assez mal représentées. Il faut que ceux qui auront désormais cet honneur, soient remplis de connoissances coloniales. Il ne suffit pas, encore une fois, d'avoir passé dans un pays, d'y avoir demeuré même, pour le connoître ; il faut être doué de l'esprit de l'observateur ; et l'on sait qu'il est beaucoup de personnes, respectables d'ailleurs, dont les yeux sont comme ceux d'un mort, et devant lesquels les objets passent sans qu'ils les apperçoivent.

Enfin, qu'on ne néglige rien pour offrir aux Européens le moyen de s'instruire sur ces contrées éloignées, qu'ils n'auroient pas si maltraitées, s'ils les avoient mieux connues.

18.

Il ne faut pas souffrir que la religion soit négligée dans les Colonies. Il ne faut pas que les Ecclésiastiques se mêlent en aucune manière des affaires temporelles ; mais il est de la plus saine politique de leur laisser l'administration spirituelle. Il convient d'être sévère pour que leurs mœurs soient sans reproches, et qu'ils fassent eux-mêmes ce qu'ils prêchent. Les bons prêtres sont dans ces contrées lointaines, d'un secours incomparable pour le Gouvernement, parce qu'ils vont où la loi ne peut pas atteindre, et principalement à cause des Nègres, leur ministère est indispensable.

La religion
plus indis-
pensable
dans
les Colonies
qu'ailleurs.

19.

Nulle diffé-
rence entre
ceux qui
servent la
chose
publique.
L'égalité est
parfaite
entr'eux.

Que l'on cesse de mettre une différence entre tous les officiers qui servent
le Gouvernement et l'administration
dans les Colonies, et ceux dont le service se fait dans la mère-patrie. Il faut
que les uns et les autres aient les mêmes
talens, et alors, si l'on trouvoit quelque différence, elle seroit toute pour
ceux qui, partant pour les Colonies,
font des sacrifices réels, et vont exposer journellement leur vie pour l'a-
vantage de la mère commune. Il ne
faut pas oublier non plus que dans
un pays de richesses, l'autorité doit
être un peu fastueuse, pour y inspirer
la considération et le respect convenables.

20.

Autrefois il existoit dans les Colonies une *chambre d'Agriculture*. Elle

avoit le droit de censurer les chefs , et de rendre compte de leur conduite en France ; mais elle étoit illusoire , et les membres qui la composoient étoient extrêmement complaisans. Il faut la remplacer par une *chambre ambulante.*

Cette chambre sera composée d'un certain nombre d'inspecteurs que le gouvernement de France enverra de temps à autre dans les Colonies , pour y prendre des informations secrettes sur la conduite des chefs. C'est un moyen immanquable , si les sujets sont bien choisis , pour que rien n'échappe à l'autorité suprême , et pour contenir le despotisme qui s'établit facilement dans ces régions lointaines , où la paresse naturelle laisse tout croître , si elle n'est réveillée par quelqu'intérèt coërcitif, ou surveillée par la diligence de l'autorité suprême.

Chambre
ambulante.

N

21.

Il faut des fêtes aux Colonies.

Les Colonies sont des pays de travail, et d'un travail fatigant ; il faut donc y ouvrir un peu plus le cercle du repos. En conséquence , il seroit convenable de joindre aux dimanches qui seront accordés , quelques fêtes de plus dans l'année. Le travail , interrompu par quelques instans de repos , ne se continue qu'avec plus d'ardeur , de même qu'il devient insupportable , si le loisir est trop prolongé. Le jour de la FÊTE-DIEU , par exemple , donne au peuple un spectacle édifiant , en même temps qu'un délassement , et détourne son attention de toute malignité ; mais il ne faut pas deux fêtes de suite , parce que les mauvais sujets auroient le temps de se concerter et de former des complots.

22.

Il sera d'une politique sage de laisser subsister ou de rétablir les tribunaux d'autrefois. *Tribunaux.*

La population est trop peu nombreuse, et les principes y sont trop agricoles, pour y avoir autre chose que des juridictions de première instance, et des conseils d'appel ou de cassation. On ne trouveroit pas d'habitans pour former des juris. On y est trop essentiellement occupé de la culture. *Juridictions et Conseils.*

Le tribunal de cassation, pour les affaires criminelles seulement, y deviendroit indispensable; car le Colon n'a plus le moyen de venir plaider en France. *Tribunal de Cassation.*

Il seroit aussi à propos que celui pour les affaires criminelles des Antilles, fût établi à Saint-Domingue. On le doit aux malheurs des habitans de *Son séjour naturel.*

N..

cette île infortunée, et les îles des Antilles auront beaucoup moins loin qu'en France. Ce sera un nouveau sujet de communication dont Saint-Domingue a grand besoin, et un des moyens qu'on lui doit pour son rétablissement. Enfin, il est indispensable pour toutes les affaires criminelles ; car n'étoit-il pas très-dangereux de rendre les jugemens d'un tribunal criminel exécutoires par provision, ou de donner au Gouverneur le droit de suspendre l'exécution, sur-tout en temps de guerre où les risques de l'ennemi se joignent à ceux de la mer, et sur-tout quand il s'agit de crimes qui peuvent compromettre la sûreté publique ? Si l'on veut faire impression par le châtiment, il faut que la punition suive de près le crime. Si le délai est trop long, le souvenir s'efface, et le châtiment révolte les spectateurs qui s'attendrissent et perdent tout le fruit que la loi vouloit en tirer: Le tribunal de cassation remédiera donc convenablement à ces abus.

S'il falloit se pourvoir en France comme autrefois, les terribles inconvéniens renaîtroient avec plus de raison que jamais de se plaindre, et on auroit encore celui d'être jugé par des Magistrats, qui nécessairement ignorent les localités auxquelles on adapte un peu les formes, en leur faisant subir quelques modifications.

Inconvéniens de se pourvoir en France en affaires criminelles.

Je crains bien que de long-temps on n'ait besoin que d'un seul conseil supérieur, ou, ce qui est la même chose, d'un seul tribunal d'appel à Saint-Domingue.

Un seul Conseil supérieur suffit pour le présent.

En effet, si, dans les circonstances actuelles, on en créoit plusieurs, ce seroit une dépense aussi lourde qu'inutile pour le Gouvernement, et en définitif pour les habitans imposés. Il faut beaucoup d'années avant que la population permette cette extension, et il sera toujours temps de les multiplier, si d'heureuses circonstances l'exigent politiquement.

Réflexions sur les appointemens à fixer pour les Conseillers. Il est aussi juste que politique d'accorder des appointemens raisonnables aux membres qui composeront ce conseil. Ils n'avoient dans l'ancien régime que 8000 livres tournois, et cent pistoles pour leur logement. Ce n'étoit pas assez. Les mauvais sujets avoient par là le prétexte de recevoir des présens, et les personnes honnêtes étoient dans une misère, relativement aux Colonies où l'on est forcé de dépenser beaucoup plus qu'en France, qui leur ôtoit toute la considération que l'on doit à des Magistrats supérieurs, et qui font le sacrifice de leur temps et de leur vie même dans une contrée brûlante, pour le salut public.

L'origine des Conseils de Saint-Domingue se tire des armes. Ils étoient composés d'Officiers supérieurs de tout grade : le Général les a toujours présidés, et les Commandans de toute arme en étoient les Conseillers nés. On y ajouta des hommes de loi, mais ils portoient l'épée, et dans le commencement ils avoient tous un uniforme militaire. Il convient de les ramener à cette origine. Dans de pareilles contrées, et plus que jamais dans le moment présent, il faut frapper les yeux par un appareil imposant. Il seroit donc à propos de leur prescrire un uniforme qui les fît respecter du militaire et du civil.

Uniforme militaire pour les Conseillers de Saint-Domingue.

23.

Il est nécessaire que les Fonctionnaires publics qui formeront les membres des conseils d'appel et de cassa-

Leurs appointemens tendent à un but politique.

tion, soient appointés par le Gouvernement.

Il est sur-tout très-important que le Gouvernement actuel ne fasse pas comme celui d'autrefois , et laisse les Magistrats supérieurs dans le mal-aise de la lésinerie. Ce seroit encore exposer leur délicatesse , et les livrer au mépris d'un peuple qui ne juge des autorités que par le luxe qu'ils peuvent étaler. Sur la fin de l'ancien régime on avoit senti cette vérité , et l'on devoit augmenter leurs appointemens.

Trop gênés dans leur dépense, ils sont sans aucune considération.

Un conseiller qui n'auroit à présent dans les Colonies , que les foibles appointemens qu'on lui donnoit, jouiroit encore moins aujourd'hui de la considération qu'on lui doit, parce qu'autrefois le privilège de la noblesse dont on le gratifioit, le faisoit ressortir un peu. C'est une de ces localités qu'il est important de ne pas négliger.

Le Magistrat par état se fait beaucoup d'ennemis en faisant son devoir, et dans les Colonies il a besoin plus qu'ailleurs d'être soutenu et protégé du Gouvernement. A St.-Domingue, il est Magistrat militaire, et le port-d'armes qu'il a de droit lui est souvent nécessaire pour repousser les audacieux qui ont tant d'occasions de le trouver seul ; et souvent dans son origine il commandoit dans les armées coloniales. Voyez à cet égard ce qu'en dit Moreau de Saint-Mery, plusieurs autres auteurs, et les titres primordiaux qui sont dans les greffes de Saint-Domingue.

Il est d'une politique saine que les Magistrats tiennent leurs appointemens des mains du Gouvernement, et que tout concourt ainsi à rattacher à ce même Gouvernement, tout ce qui peut influencer contre lui, ou maîtriser l'opinion publique.

Osons le dire, les Magistrats sont comme les prêtres ; on doit les faire respecter, mais les restreindre à de simples mouvemens. Les prêtres ne doivent que prier Dieu et prêcher la sainte religion, sans laquelle tout se détache de la société ; les Magistrats ne sont faits que pour juger, et défendre la patrie quand les révolutions coloniales leur en prescrivent le devoir. Il faut alors qu'ils joignent le courage aux lumières, et sous ce point de vue, les Magistrats des Colonies sont infiniment respectables.

Aussi comme ils sont les plus éclairés des Colonies, s'ils sont bien choisis, on doit leur donner la perspective de s'avancer, quand les occasions se présentent ; ils portent l'épée, et l'on doit les assimiler aux grades militaires, pour leur tenir lieu du surplus qu'on leur devroit pour de plus forts appointemens. En vérité, ils méritent bien cette faveur, s'ils ont du mérite et de la conduite.

24.

Il seroit extrêmement sage de faire, 1.º que toutes les loix fussent uniformes dans les Colonies, et qu'on y suivît, comme on l'a toujours fait, la coutume de Paris et l'ordonnance de 1667.

Il faut que les loix soient uniformes dans les Colonies

2.º Qu'on s'occupât de perfectionner l'ancien code noir, et de rendre aux bons sujets Nègres ce qui leur est dû.

Nécessité de perfectionner le code noir.

3.º Qu'on défendît, à peine de responsabilité de la part des chefs laïcs ou ecclésiastiques, tout mariage de Blancs avec les Négresses.

Il faut empêcher les mariages de Blancs avec les Négresses.

4.º Qu'on engageât les Blancs à rattacher autour d'eux tous les anciens

Nécessité de récompenser

les anciens
affranchis
restés
fidèles.

affranchis; ce sont les seuls sur lesquels ils peuvent compter davantage dans la crise épouvantable où se trouvent les Colonies, et sur-tout celle de Saint-Domingue. La plupart des Mulâtres et des Mulâtresses libres, aussi bien que les anciens Noirs affranchis, se sont distingués dans leur conduite générale envers les Blancs. Les exceptions de quelques scélérats ne doivent pas faire tort à la généralité, et il est juste de récompenser, à mesure qu'on le pourra, les anciens libres qui ne se sont pas départis de l'attachement qu'ils devoient à leurs bienfaiteurs naturels.

5.º Qu'on renouvellât plus sévèrement que jamais l'ordre aux Colonies d'envoyer tous les six mois, au dépôt de Versailles, le double des titres et registres de naissance, mariage, et des autres contrats sérieux.

6.º Qu'on repoussât tous les esclaves des villes dans les campagnes , pour les employer uniquement aux besoins de l'agriculture. Il ne faut que des gens libres pour domestiques dans les villes. C'est assurer un sort à ceux-ci, et remédier à de terribles inconvéniens. Les esclaves des villes ont donné lieu par leurs fausses instructions aux malheurs des Colons. On parloit trop librement devant eux, et comme il est dans leur nature de singer, ils ont cru pouvoir faire avec leur esprit ce qu'ils font quelquefois assez bien par le mécanisme de leurs corps. Ils étoient témoins de toutes les actions de leurs maîtres , ils entroient en quelque sorte dans leur confidence , et perdant ainsi l'espèce de superstition que la politique leur laissoit avoir pour les Blancs , ils ont , par une familiarité déplacée , contracté l'ha-

N'avoir pour domestiques dans les villes que les affranchis.

Inconvénient d'employer les esclaves pour domestiques.

bitude de tout oser. Sera-ce une leçon pour l'avenir ? Je n'oserois l'assurer. C'est donc ce qui me fait persister dans l'idée de n'avoir que des affranchis dans les villes, et de n'y recevoir les esclaves qu'avec la plus grande précaution.

Je voudrois bien aussi qu'on imaginât une autre forme que celle des cartes *bon pour un Nègre*, etc., que l'on donnoit aux esclaves, et que les hommes de maréchaussée savoient si bien déchirer *pour se procurer des bénéfices* honteux.

Observation sur la négligence de ces notes rapides.

Ces notes ne sont que des jetées, et si j'avois voulu leur donner l'extension dont elles sont susceptibles, j'aurois fait un trop gros volume. C'est à ceux qui connoissent les Colonies à savoir les apprécier, et à les regarder comme des germes dont ils peuvent avec facilité faire le développement.

Je ne voulois que cela, et mon but, je crois, est suffisamment rempli.

7.° Enfin, il faut à l'avenir faire une grande attention à tous ceux qui voudront passer dans les Colonies. On doit être sûr en France de leur amour pour le Gouvernement, de la pureté de leurs mœurs et de leur utilité réelle. On doit les scruter de nouveau dans les Colonies et avoir sur eux, pendant quelque temps, une exacte surveillance. C'est ainsi que l'on ramènera parmi les malheureux Colons le bonheur et les vertus, en empêchant d'entrer tous les germes de corruption qui pourroient troubler encore la tranquillité qu'on chérit naturellement dans ces climats de feu, quand on n'y donne pas lieu au développement des passions violentes.

Précaution à prendre vis-à-vis de ceux que l'on envoie dans les Colonies

22.

L'humanité, la raison, la poli-

Il ne faut

point de
surtaxes
dans
les Colonies

tique, se réunissent pour desirer qu'on ne grève point les Colonies de taxes purement bursales. Il faut, comme elles l'ont toujours été, qu'elles soient exemptes du timbre, de la capitation, et par conséquent de l'impôt des portes et des fenêtres.

S.-Domin-
gue s'est
donné à la
France
volontaire-
ment.

St.-Domingue n'est point un pays conquis. Il s'est donné volontairement à la France, et la mère-patrie qui lui en a toujours su gré, l'allégeoit autant qu'elle le pouvoit, même dans les jours de sa splendeur.

C'est à ce sentiment, fondé sur la reconnoissance et la justice, qu'on a dû cet éclat incomparable qui le rendoit autrefois un des objets de l'admiration de l'univers.

Il est donc à propos de suivre ces derniers *erremens*, puisqu'on veut le relever un jour de sa terrible chûte; car ce n'est qu'à force de ménagemens qu'on lui rendra le pouvoir d'être d'une prodigieuse utilité au Gouvernement de France. Ce sera également le moyen d'y appeler les hommes de toutes les parties du monde, et d'y former une population blanche aussi imposante que nombreuse.

Il faut, en général, de grands encouragemens à ceux qui vont dans ces contrées lointaines, par leur intelligence et leurs talens, faire fleurir la félicité publique. Ils font les plus grands sacrifices, et sûrement ils méritent les plus grands égards. D'ailleurs, ces égards sont largement payés par des bénéfices énormes ; et l'on peut dire que l'ancien régime eut toujours à se reprocher de n'avoir pas fait, pour ces contrées précieuses, tout ce qu'il auroit pu et dû faire.

Il faut sans doute que les Colonies soient pour la mère-patrie ; mais

Les plus grands encouragemens sont dûs aux Colons.

Reproche à faire à l'ancien régime.

Il faut que la mère-patrie songe aux Colonies.

O

il faut aussi que la mère-patrie songe à elles, et leur donne des encouragemens. Les enfans ont le droit, sans doute, d'exiger des bontés de leur mère; on ne les a que trop oubliés, et leurs malheurs font éprouver aujourd'hui de grandes pertes à la France. Enfin, les Colons sont enfans de l'Europe, et l'Europe entière auroit dû et devroit les secourir.

23.

Il faut un point d'unité dans le gouvernement colonial. La plus grande unité dans le gouvernement des Colonies, est le moyen radical pour en rendre toutes les parties solides.

Sept mille sept cents habitations au moins à Saint-Domingue. Par exemple, on comptoit à Saint-Domingue près de 8000 habitations, et chaque habitation étoit autant de petit gouvernement. On peut donc dire que chaque Colonie est composée de grouppes dont chacun a un maître où tout vient s'aboutir. Chaque maître est un principe, et tous ces principes doivent venir se rattacher à la tête qui commande au nom de la France.

Mais chez un peuple agricole, où les esclaves forment les masses et les forces mécaniques, les propriétaires vivent isolément, et par conséquent les intérêts particuliers s'y divisent nécessairement par les différens genres d'occupations, ou par l'éloignement d'un lieu à un autre; il convient donc que le Gouvernement secondaire qui commande dans les Colonies, rapproche, par une politique particulière, tous ces intérêts divisés, de l'intérêt général. Continuons à poser nos bases.

Précaution que doit avoir un Gouverneur

Les hommes qui n'ont jamais assez de temps pour voir terminer les travaux incalculables de leurs manufactures et de leurs champs, ne peuvent pas en avoir pour venir en ville s'occu-

Nécessité de laisser les tribunaux comme autrefois.

per de fonctions augustes , mais sans profit , telles que de juges, d'officiers municipaux , et autres. S'ils y sont forcés, l'Etat perdra beaucoup du côté de l'agriculture ; ce qu'il obtiendroit , d'ailleurs , ne rendroit pas les Colons plus heureux , et ne le dédommageroit jamais des pertes matérielles qu'il éprouveroit. Il faut , autant que les circonstances le permettent , ne détourner jamais les planteurs.

Loix locales.

Il faut donc , pour un peuple agriculteur , où les maîtres ont une foule d'ouvriers - cultivateurs à surveiller , des loix locales qui opèrent ce qu'ils ne peuvent pas faire individuellement. Il lui faut nécessairement des représentans dans les places qu'il ne peut occuper en personne. Delà la nécessité de laisser subsister en plus grande partie les choses comme elles étoient autrefois ; et par conséquent les tribunaux spécialement seront ce qu'ils étoient. Ce qui va supérieurement en France, seroit souvent dangereux même à essayer dans les Colonies.

Il faut aux Colons un chef suprême qui ait le pouvoir et les moyens de faire exécuter les loix, en même temps qu'il doit lui être recommandé d'être fort circonspect dans leur exécution. Il doit savoir que l'asyle d'un planteur, sur-tout, ne doit pas être violé légèrement ; que le maître ne doit pas en être arraché sans le motif le plus juste ; que ce seroit porter sur une habitation le désordre, la confusion, et bientôt y faire naître et généraliser l'insurrection qui donne lieu aux plus grands malheurs.

Il faut donc à la tête des Colonies, et plus qu'autrefois, un Gouverneur animé du desir d'être juste, entouré de bons conseils, pourvu des connöissances de sa place, qui ne s'y croie pas, comme ci-devant, pour *faire* ou *réparer ses affaires*, qui ait le cœur d'un père de famille, la bravoure d'un grand militaire, et la tête froide d'un véritable homme d'Etat. Alors la *monocratie*, mêlée même d'un peu d'*autocratie*, devient un gouvernement justement applicable aux Colonies.

Cette autorité doit être tempérée par une responsabilité rigoureuse. Si le Gouverneur réussit dans sa place, il faut l'y laisser long-temps; tout le monde est heureux politiquement, et il n'y a pas de doute que sa conduite ne soit louable en tout, malgré les criailleries de quelques mécontens. C'est à l'œuvre entier qu'on doit le juger.

S'il a des revers, s'il survient quelqu'insurrection de la part des Blancs, c'est que tout le monde est mécontent;

car le Colon est naturellement patient
en politique, et il faut qu'il soit poussé
à bout, pour en venir à quelque extré-
mité dont il n'est pas aisé alors de le
faire départir, parce qu'il est brave,
qu'il méprise la mort, et a un caractère de fermeté décidée. Ainsi le
Gouverneur, qui, par malheur, par
incapacité ou par dureté de caractère,
n'a pas su se concilier les esprits ou se
faire obéir, sera toujours dans son
tort, parce que rien n'est plus aisé que
de se faire aimer, à celui qui commande
dignement dans les Colonies. Il faudra
se hâter de rappeler un pareil Gouverneur, et de le punir d'une manière
exemplaire. Plus son autorité étoit
grande, plus il est coupable d'en avoir
abusé. Quelques exemples de temps à
autre, et le gouvernement des Colonies
ne tarderoit pas d'avoir la bienfaisance
de celui dont il émane.

24.

La milice
est
nécessaire
dans
les Colonies

Valeur
de la milice
coloniale.
Nulle com-
paraison
avec
les autres
milices.

Je ne suis pas de l'avis des Colons, qui dans l'ancien régime blâmoient le rétablissement de la milice (1).

Apparemment qu'ils ne sentoient pas qu'elle est un point de réunion, non-seulement utile contre les ennemis du dehors, tel que la bravoure naturelle aux Colons l'a prouvé plusieurs fois, mais extrêmement imposante à ceux de l'intérieur, et une occasion politique de ramener toutes les chaînes de la société dans les mains du chef. Je sens comme eux l'inconvénient qu'il y au-

_____

(1) Il est vrai qu'on avoit trompé les Colons de Saint-Domingue. On avoit exigé d'eux plusieurs millions pour les en exempter ; on ne leur rendit point l'argent, et peu de temps après l'on rétablit la milice. Cette escroquerie, indigne d'un bon Gouvernement, donna lieu a des soulèvemens partiels, qui finirent par des supplices ignobles, après avoir ébranlé jusqu'aux fondemens de la Colonie.

roit d'en abuser ; mais je ne puis me défendre de sentir le bien qui doit en résulter , si l'on en use avec sagesse quand la population le permettra. La milice Coloniale a toujours marché sur le même terrain avec les troupes de ligne , et avoit le pas dans l'intérieur. C'est la même valeur , la même tenue , sans avoir besoin d'une discipline aussi rigoureuse. Je l'ai vue manœuvrer en temps de guerre comme en temps de paix , et je ne puis en faire que le plus grand éloge.

Il faut que le Colon se dépouille plus que jamais de cet égoïsme que la solitude inspire naturellement , et qu'il se montre plusieurs fois dans l'année pour aller lui-même entretenir ou sur-veiller la police des quartiers. *Police intérieure.*

Il faudroit aussi qu'il y eût sur chaque habitation , un Blanc , au moins , par vingt-cinq Nègres. *Un Blanc par vingt-cinq Nègres.*

Il seroit utile aussi, je crois, que les Blancs s'exerçassent le dimanche, sur chaque habitation, à tirer à la cible. Ce spectacle est imposant pour les esclaves qui redoutent les armes à feu, et donneroit aux Blancs l'habitude qui malheureusement n'est que trop nécessaire pour la sûreté publique. L'esclave ne verroit pas sans trembler le Blanc toujours armé, et toujours prêt par conséquent à le faire rentrer dans le devoir. Cet appareil terrible eût épargné bien des malheurs et du sang, si on l'eût adopté plus tôt.

Il n'y auroit même pas d'inconvé‑nient, ce seroit peut-être même un grand bien dans le commencement, de permettre à l'habitant qui en auroit les facultés, d'avoir chez lui une cer‑taine quantité de militaires que le Gou‑vernement lui prêteroit ou loueroit, et dont, comme propriétaire, il devroit être naturellement le commandant, si d'ailleurs il est militaire et connu pour brave.

Il pourroit même se bâtir, s'il le vouloit, une forteresse. La seule précaution que le Gouvernement auroit à prendre, seroit de changer de temps en temps cette espèce de garnison, et ce seroit un adoucissement pour le militaire, comme une dépense de moins pour le trésor public.

Autrefois on le permettoit aux riverains, et dans les circonstances présentes, on peut bien étendre la permission, sur-tout dans les triples montagnes, suivant l'éloignement des lieux et la connoissance des individus qui la réclameroient. Ce seroit aussi une manière peu coûteuse de répandre des pelotons sur les points les plus dangereux, et qui se réuniroient au premier signal d'alarme, sous les ordres des commandans militaires répandus dans les différens quartiers.

Observation sur les notes précédentes.

Pourquoi seulement des notes. JE sais bien que j'aurois pu délayer ces notes, en faire un corps d'ouvrage qui m'auroit porté à beaucoup d'autres réflexions, qui m'auroient fait plus d'honneur en offrant un ouvrage complet, et rien n'étoit plus aisé: Il ne falloit que du temps; mais il auroit été trop considérable, et on ne lit plus de gros livres; on liroit encore moins celui qui parleroit longuement des Colonies. Je ne donne donc que des idées succinctes; mais le développement en est facile pour ceux qui connoissent parfaitement les Colonies, et ceux qui ne les connoissent que par abstraction, en quelque sorte, ont besoin que l'on soulage leur peine.

J'ai toujours travaillé, et je travail-
lerai toujours pour les Colonies, parce
que je sens leur importance et le besoin
que la patrie en a. Je sens aussi la nécessité de familiariser beaucoup d'Européens dans les matières coloniales.
Les uns ne les aiment point, parce
qu'ils ne les connoissent pas ; les autres, parce qu'ils les ont mal vues.

Trop heureux si je parvenois un
jour à effacer ce préjugé jusqu'à présent indéracinable dont on s'arme
contre les Colons, en s'enrichissant
toutefois de leurs pénibles travaux, ou
en flattant son goût de leurs productions délicieuses !

D'où provient le préjugé contre les Colons.

Vœu de l'auteur.

SECOND FRAGMENT

TIRÉ

DES MÉMOIRES

PRÉSENTÉS PAR L'HISTORIOGRAPHE DE LA MARINE ET DES COLONIES;

Où l'on verra le moyen d'acquitter les dettes coloniales, sans faire tort aux Créanciers et sans écraser les Débiteurs.

SUIVI

De la liste nominative des Mémoires présentés en faveur des Colonies, en l'an 8 et en l'an 9, par les Bureaux d'Histoire et de Législation.

AVERTISSEMENT.

Il eût été possible de donner à la loi
que nous réclamons, la forme judi-
ciaire qui lui convient; mais nous
avons cru que la simple exposition
offriroit moins d'aspérités aux yeux
du lecteur difficile. Nous n'écrivons
pas seulement pour les jurisconsultes;
nous voulons être lus et entendus
par tout le monde. Cette matière est
de l'intérêt général, et si le projet que
nous proposons avec modestie, recevoit quelque exécution, il est nécessaire que l'intelligence la moins active soit convaincue de l'excellence du
motif. Nous n'avons pas pour but de
nous faire admirer, nous ne voulons
qu'être utiles, et faciliter le Gouvernement dans ses intentions bienfai-

P

santes pour les Colons, comme pour tous les autres Français.

Enfin, l'on ne doit pas oublier que ma plume est celle d'un militaire voyageant depuis sa jeunesse sous la ligne, et non pas celle d'un savant de Paris, au milieu des lumières qu'il peut emprunter à tout instant. Nous ne tendons qu'au bon sens qui n'égare pas avec la même facilité que l'esprit, et si nous avons le bonheur d'inspirer un bon ouvrage sur les objets que nous traitons, nous serons parvenus au vrai but que nous nous sommes toujours proposé.

SECOND FRAGMENT

TIRÉ

DES MÉMOIRES

PRÉSENTÉS PAR L'HISTORIOGRAPHE DE
LA MARINE ET DES COLONIES.

---

*Données sur les dettes coloniales, et
sur la manière de les acquitter.*

Nous ne donnons le jour à ce frag- Introduc-
tion. ment, que pour mettre à même les Colons instruits de donner leurs lumières sur un objet qui les touche de si près.

Ce n'est pas notre opinion que nous voulons faire triompher ; ce sont de foibles efforts qui auroient tout leur mérite, si quelques Jurisconsultes des Colonies vouloient se donner la peine

P..

de travailler au moyen le plus juste de décider cette grande question d'Etat.

 Le Gouvernement ne peut pas tout faire, tout deviner. Il faut que ses amis l'aident dans les parties qui sont de leur ressort, et ce sera sans doute avec plaisir qu'il reconnoîtra ainsi la qualité de bons Français dans les Colons. Entrons en matière.

Examen sous le point de vue de particuliers à particuliers.

 Par la terrible révolution coloniale, Saint-Domingue est nul, et cependant il lui reste des créanciers de son ancienne splendeur.

Il est juste que ces créanciers soient payés.

Il est indispensable de donner aux débiteurs la faculté de s'acquitter.

Il faut éviter que le créancier ne tourmente injustement son débiteur.

Il faut empêcher que le débiteur ne soit de mauvaise foi envers son créancier.

L'événement productif de la situation actuelle, est l'explosion d'une cause toute surnaturelle en politique.

On ne peut donc pas appliquer les loix ordinaires à un fait de cette espèce, puisqu'étant inattendu, ces mêmes loix n'ont pu y pourvoir d'avance.

Cependant le créancier ne peut pas être entièrement la victime de cet événement majeur, et pour prix de sa confiance utile à l'Etat, recevoir la légitimation d'une ingratitude inexcusable même entre particuliers.

D'un autre côté, l'humanité se changeant en justice par les événemens politiques, provenus de masse à individus, le débiteur ne doit pas être non plus entièrement écrasé, puisque son industrie journalière a été suspendue par la même cause qui nuit au créancier, et que par-tout où la mauvaise foi ne se manifeste pas, on doit opposer la raison des circonstances.

Par cet événement imprévu, le nantissement du créancier est presque anéanti.

Mais ce même événement ôte également au débiteur ses moyens et ses ressources.

Maintenant il faut donc faire que le peu qui reste suffise au créancier pour concevoir l'espoir d'être payé, et au débiteur pour retrouver celui de sa liquidation.

2.

Examen sous le point de vue du Gouvernement.

Il est d'un bon citoyen de chercher l'avantage Dans toutes les affaires particulières l'homme d'état doit avoir en vue l'avantage et la grandeur du Gouver- nement, auquel se rattachent néces-sairement toutes les branches de la société.

Plus le Gouvernement a de moyens, plus il a de facilités dans les opérations publiques. Le plus simple particulier se ressent de sa libre activité.

Si les Colonies peuvent reprendre leur ancienne activité, elles rappor-teront toutes ensemble à la mère-pa-trie, un produit net de 300 millions, argent des îles, dont 150, provenant de la partie de Saint-Domingue, et seu-lement de la *partie Française*, sans compter qu'elles formeront une im-mensité de matelots qui releveront notre marine, sans compter la subsis-tance qu'elles rendront à plusieurs millions d'ouvriers employés dans les manufactures Européennes, et sans compter enfin cette activité nutritive qu'elles feront circuler dans toutes les autres ramifications de la société en général.

Il est donc de l'intérêt du Gouvernement de soutenir les efforts des Colons, et de les encourager dans les nouvelles opérations qui tendent à rétablir leurs moyens, puisque ces mêmes moyens accroîtront considérablement ceux du trésor public.

Mais le Gouvernement est juste autant que généreux : il faut que le créancier qui soutient le débiteur, soit également soutenu.

Et il convient que le débiteur qui porte nécessairement bénéfice au créancier, fixe les regards de ceux qui gouvernent.

Il s'agit enfin d'un équilibre parfait, où le créancier ne puisse pas écraser le débiteur, et où le débiteur ne puisse pas abuser de la crédulité, quoique mercantile, du créancier.

Il faut encourager le créancier.

Il ne faut pas dégoûter le débiteur.

Il faut donc que le Gouvernement fasse naître une loi protectrice pour les deux parties, et où, l'intérêt public débattu, trouve son agrandissement dans celui de l'intérêt privé.

Nécessité d'une loi protectrice et pour le créancier et pour le débiteur.

Nous ne parlons point ici des créances de l'Etat, parce qu'attendu que l'Etat lui-même est la cause indispensable du terrible événement qui a fait naître la loi spoliatrice, il ne peut user de trop d'indulgence envers ses débiteurs. Il est peut-être même de sa grandeur, comme de sa justice et de sa politique, de faire la remise de cette sorte de dettes, dont l'impuissance de les payer provient de son propre fait. Ce n'est pas la faute du Gouvernement actuel, mais il convient dans ce cas que ce Gouvernement répare ainsi les torts de celui qui l'a précédé, en ne

Jetées sur les créances de l'Etat.

profitant pas du moins d'un bénéfice indigne de sa majesté. Il ne s'agit donc ici que de dettes de particuliers à particuliers.

3.

Examen sous le point de vue commercial.

Importance du commerce. Le commerce est d'un grand poids dans un Etat; il est donc juste aussi d'en consulter l'intérêt, puisque sa circulation porte dans toutes les veines de la société, la chaleur et la vie.

Le principal créancier des Colons est le commerce en général.

Son intérêt. Il faut que le commerce sache assez calculer son intérêt pour prêter encore, afin d'être payé de tout ce qui lui est dû.

Il faut qu'il ménage son débiteur pour être payé. Il ne lui est pas avantageux de faire vendre le fonds sur lequel est assis son gage, puisque ce fonds est beaucoup rétréci par l'abandon des bras, et par la privation des productions qui faisoient en quelque sorte les alonges sur lesquelles il achevoit d'asseoir son hypothèque.

En vendant, il ne lui revient presque rien de l'objet vendu, et la cession de biens à laquelle il forceroit son débiteur, lui ôteroit raisonnablement, humainement et légalement, toute action nouvelle sur les nouvelles acquisitions de ce dernier, puisqu'il ne peut être naturellement et raisonnablement débiteur que sur ses biens coloniaux; car le poursuivre dans de pareils retranchemens, seroit l'animer d'un trop juste désespoir ; ce seroit le *summum jus, summa injuria*, que la politique et la raison repoussent avec une juste indignation.

Il perd en faisant vendre son nantissement.

Il ne doit pas être indifférent au commerce, que les biens coloniaux passent dans telles ou telles mains.

Cette indifférence peut n'avoir pas

Les biens des Colonies ne gagnent pas à changer de propriétaires.

Le même

inconvé-
nient
n'existe pas
en Europe.

d'inconvénient dans la mère-patrie, où les biens produisent toujours dans quelques mains qui les cultivent.

Mais dans les Colonies où une administration politique est jointe à une culture difficile, il ne peut pas être indifférent que tel ou tel individu possède, puisque cette possession ne peut être utile à la chose publique, et fonder justement l'espoir du créancier, qu'autant que le possesseur a les connoissances suffisantes pour faire marcher l'habitation dont il devient le maître.

Délicatesse
des
propriétés
coloniales.

Il n'est pas nouveau que la même habitation ait prospéré sous telles mains, et qu'elle ait tombé sous d'autres : il n'est point de propriétés qui demandent plus de lumières, plus de soins, plus de sagesse et plus d'activité. Tout changement qui occasionne la plus légère diminution, y opère journellement une perte dont l'accrois-

sement et le calcul deviennent ef-
frayans. On peut dire que la forme
imposante que l'on donnoit à un propriétaire Américain , provenoit du
mérite et de l'importance justement
accordés à ses propriétés foncières.

Il est donc indubitable que le commerce lui-même, en sa qualité de
créancier et calculant raisonnablement son intérêt personnel, ne sauroit
avoir trop d'égards pour un débiteur
de ce genre, qui fait son espoir aujour-
d'hui, sa fortune dans mille occasions
et sa sécurité dans tous les temps. Conclusion
pour
l'avantage
du
commerce.

4.

Il s'ensuit que l'intérêt du Gouvernement, celui du commerce-créancier
et celui du particulier-débiteur con-
courront également à la création d'une
nouvelle loi locale qui déviant du
principe général, *res perit domino,* Concours
des trois
intérêts.

devienne la sûreté de toutes les parties intéressées.

Deux classes distinctes de créanciers. Dans ce cas même et nécessairement il naît deux classes bien distinctes de créanciers. Il faut que les anciens créanciers soient payés; la probité, la reconnoissance même l'exigent.

Mais ils ne peuvent pas l'être, si eux ou quelques autres ne viennent pas au secours des débiteurs.

Préférence politique en faveur des nouveaux créanciers. Ceux qui viendront au secours de ces débiteurs, ne voudront naturellement fournir leurs moyens, qu'autant qu'on leur donnera une préférence que semble réclamer leur qualité de bienfaiteurs réels des anciens créanciers et de leurs débiteurs.

Il ne s'agit donc plus que de l'étendue de cette préférence, et il paroît juste de la mesurer sur l'importance actuelle du service.

Ces nouveaux créanciers deviennent sans contredit les auteurs en premier des revenus coloniaux, par conséquent les restaurateurs de la chose publique. Il convient donc de les encourager dans leur précieuse activité, par l'attribution de la plus grande partie de ces revenus dont ils sont en quelque sorte les créateurs.

Ainsi, qu'une habitation fasse par exemple *cent mille francs* de revenus, après en avoir calculé exactement les frais d'exploitation, dont le chapitre fait exprès pour eux, a pu être contrôlé par les parties intéressées, il ne paroît pas déraisonnable qu'on en affecte les trois quarts à l'acquittement des nouvelles dettes, et qu'on en distribue le quart restant aux anciens créanciers.

Cependant, comme le chapitre des frais d'exploitation peut faire naître

 des faux prétextes , des abus préjudiciables à la masse, il convient, pour
qu'il y ait plus d'ordre dans les comptes
indispensables , et d'avantage dans la
distribution du produit net, d'expli-
quer ce que l'on entend et ce que l'on
doit entendre par frais d'exploitation.

On entend par ce mot :

1.º La nourriture , l'entretien et le
salaire de tous les agens d'une habitation.

2.º L'acquittement journalier des
mêmes frais qu'exige indispensablement l'administration d'un grand
bien.

3.º L'achat et l'entretien de mo-
biliers.

4.º On peut y comprendre aussi les
dix pour cent que l'on donne à un
procureur d'habitation sur la totalité
des revenus, quand le propriétaire ne
sait pas gérer par lui-même. Si le pro-

priétaire gère par lui-même, il paroît
naturel qu'il ait ces dix pour cent.
S'il est vraiment incapable de cette
gestion, il n'aura que ce qu'on appelle
les *douceurs de l'habitation*, et le
procureur qui prendra sa place, fera
jusqu'à liquidation parfaite, et tant
qu'il se conduira bien, les fonctions
paternelles du maître. Alors le maître
n'aura que la disposition qu'il convient
qu'il ait, sans qu'il puisse, sous aucun
prétexte, s'immiscer dans la gestion,
n'étant alors que le surveillant de sa
propre chose. Il devra être écouté,
quand il portera des plaintes contre
les membres actifs de son habitation.
Dans ce cas, ses plaintes seront jugées
à bref délai, à peu de frais, et par
préférence, attendu l'importance de
l'objet, et la célérité qu'il exige, par
les autorités constituées, juges des
lieux; et les jugemens ne seront pas

Etat du proprié-
taire dans la
supposition
présente.

Moyen de
procéder
contre lui.

Q

Punition du procureur qui gère mal.

sujets à l'appel. Si le propriétaire a raison, les frais de cette action seront à retrancher des dix pour cent qui reviendront dans le réglement de compte du procureur. Si le propriétaire a

Punition du propriétaire qui trouble la gestion.

tort, ces frais seront annexés à l'article des nouvelles dettes, pour faire partie du capital, et grossir d'autant son obligation envers les nouveaux créanciers qui paieront provisoirement. Ce genre de punition tend à rendre plus circonspects et le procureur et le propriétaire. Il est également propre à maintenir la tranquillité qu'exige particulièrement la culture des Colonies, où le moindre relâchement produit un tort considérable.

Registres indispensables sur une habitation en liquidation.

D'après ce que nous venons d'exposer, il paroît donc plus que jamais nécessaire qu'il y ait sur chaque habitation, débitrice sous les nouvelles formes :

1.º Un registre bien en règle, où la recette et la dépense soient portées scrupuleusement. Il doit être paraphé, *ne varietur*, par le directeur des créanciers et par le propriétaire ou son représentant.

2.º Un autre où le détail journalier des travaux et l'emploi des bras, avec leurs résultats, soit porté avec la même exactitude, jour par jour. Ce registre sera, comme le premier, paraphé.

Chacun de ces registres sera vu et arrêté définitivement, autant de fois que les parties intéressées le croiront nécessaire pour éviter toute surprise. Ce sera aussi le moyen d'avoir au bout de l'année des bases solides pour asseoir convenablement le montant des revenus, l'assiète des dépenses, et la répartition à faire conformément au mode convenu.

Pour éviter jusqu'aux abus et aux

Q..

des visites inutiles; et moyen d'y remédier.

détournemens toujours coûteux de visites qui n'ont souvent qu'un faux prétexte de la part des créanciers, et pour but que le plaisir de se promener, il ne doit y avoir aux frais de l'habitation, que la réception du directeur des créanciers et du propriétaire, ou de son représentant. Quant aux autres créanciers, ils pourront y venir quand ils le jugeront à propos, et y rester aussi long-temps qu'ils le voudront, mais à leurs frais; car il faut que tout tende à la plus prompte liquidation, par un soin, même parcimonieux, dans toutes les dépenses de ce genre, et par la suppression de tout ce qui contribue à l'augmentation des faux travaux.

Projet de la loi sur le paiement des dettes des Colons.

D'après les données qui viennent d'être exposées, il est indispensable qu'il y ait une loi pour remédier à toute espèce d'arbitraire, qui tienne lieu d'un tribunal de conciliation, à l'imitation des Anglois, où les abus sont toujours monstrueux, où les passions se glissent toujours, où l'homme auroit besoin d'être infaillible, où le plus sage n'est que celui qui cède le moins à la foiblesse humaine. Cette loi sera inaccessible à toutes les passions; il suffira de l'exécuter d'après ses termes, pour que toutes les parties intéressées n'aient à se plaindre ni des unes ni des autres, et qu'elles y trouvent réciproquement la sûreté de leurs droits.

Cette loi doit porter,

Articles de la loi.

1.º Préliminairement, sur la nécessité de sa création, attendu le cas extraordinaire qui la fait naître ; sur le plus grand avantage de la chose publique ; sur la justice due à toute espèce de créanciers ; sur l'humanité que l'on doit aux malheurs des Colons ; enfin, sur l'encouragement que l'on doit à tous.

2.º Elle doit définir clairement ce que l'on doit entendre par *nouveaux créanciers*; elle entendra par là, sans doute, tous ceux qui fourniront de nouveau pour le relèvement d'une habitation.

3.º Elle accordera probablement à ces nouveaux créanciers, un privilège incontestable sur les *trois quarts* des revenus, toutes dépenses *prélevées*.

4.º Elle aura également le soin de distinguer avec la même clarté, ce que l'on doit entendre aussi par les *an-*

ciens *créanciers*; elle y comprendra seulement tous ceux dont les titres sont *parés*, rejetant, bien entendu, tous ceux qui ne sont que purs chirogra-phaires, ou qui n'ont que des comptes courans.

5.º Alors elle désignera positivement le *quart restant* du troisième article ci-dessus, pour être réparti aux anciens créanciers, *toutes dépenses aussi prélevées*.

6.º Elle prononcera conséquemment l'abolition de toute contrainte par corps, non-seulement pour l'avenir, vis-à-vis de l'habitant; mais attendu le cas extraordinaire, elle donnera à cet article un effet rétroactif, indis-pensable, et tous les actes anciens ne seront plus grevés de la contrainte par corps.

7.º Elle arrêtera qu'à compter du jour de la fatale anarchie de Saint-

Domingue, août 1791, tous intérêts des anciennes sommes demeureront suspendus, et continueront à l'être, pendant cinq ans, à compter du jour de la promulgation de la présente loi.

8.° Que le quart qui sera réparti annuellement aux anciens créanciers, s'imputera, pendant ledit délai de cinq ans, sur les capitaux.

9.° Qu'au bout de ces cinq ans, l'intérêt commercial à six pour cent, comme il est d'usage dans les Colonies, commencera à courir; qu'alors ce quart sera imputé, d'abord sur les intérêts de la somme restante, et subsidiairement sur le capital.

10.° Cette même loi, pour éviter tous les frais de procédure, qui tombent toujours en définitif sur le malheureux débiteur et l'écrasent, prononcera de droit l'union des nouveaux et anciens créanciers. Elle ordonnera que l'assemblée de ces créanciers soit convoquée à la réquisition de l'habitant débiteur, chez un notaire de la ville la plus prochaine de son habitation ; que là, par eux ou par leurs fondés de pouvoir, il sera nommé un directeur de l'union, sans qu'il soit besoin d'en faire signifier judiciairement une copie à chacun des créanciers qui sont naturellement prévenus *ipso facto*.

11.º Elle déclarera que, jusqu'à parfaite liquidation, le propriétaire de l'habitation qui doit, ne sera considéré que comme le surveillant naturel de la chose ; qu'il ne pourra disposer en tout ou en partie des revenus de l'habitation, sous quelque prétexte que ce puisse être, que d'après le consentement par écrit du directeur de l'union ; que tout charroi qu'il pourra faire sera arrêté sur les chemins par ceux qui font la police, si celui qui est à la tête du

charroi , ne justifie pas d'une permission bien en règle de ce directeur
de l'union.

12.° Que dans le cas où l'habitant
débiteur se permettroit quelque détour-
nement, il sera poursuivi comme l'est
ordinairement tout dépositaire infidèle,
et contraint conséquemment par corps
à rétablir la chose détournée.

13.° Qu'en cas de récidive, ce propriétaire sera tenu de sortir de sa propriété,
et de n'y paroître de temps à autre
qu'avec le consentement du directeur
des créanciers, ou sur le permis des
autorités constituées , si le cas y échet.

14.° Que dans la supposition où le
directeur de l'union , par sa mauvaise
conduite ou sa tyrannie, se mettroit
dans le cas d'être poursuivi et jugé
comme s'étant mal comporté , sa
créance sera portée à l'arriéré , pour
n'être payé qu'après tous les autres

créanciers même chirographaires et de comptes réglés, les intérêts défalqués, comme s'il les eût reçus, d'après l'échelle de proportion de chaque année, etc.

6.

OBSERVATIONS

Sur la nécessité et la bienfaisance de cette loi par quelques comparaisons.

CETTE loi est basée sur la justice la plus stricte que les nouvelles circonstances peuvent inspirer. Si nous n'eussions pas usé de l'impartialité qui convient à l'homme d'état, au législateur, nous aurions pu, sans craindre de reproches, user d'une sévérité dont l'histoire nous fournit des exemples dans des situations beaucoup moins déplorables que celles où, depuis dix ans, les Colons ne cessent de gémir et de

Examen de la loi ci-dessus.

souffrir cruellement dans la misère et
l'humiliation.

Nous aurions pu exposer,

1.° Que les Romains, après de longues guerres, abolissoient entièrement
les dettes.

2.° Qu'en 1755, c'est-à-dire après
ce fameux tremblement de terre de
Lisbonne, la législation Portugaise
donna naissance à une loi spéciale
qui établit une juste proportion entre
le créancier et le débiteur.

3.° Que l'on connoît parmi les loix
maritimes, celle de *l'avarie grosse*,
où quand un vaisseau jette une partie
de ses marchandises à la mer, par la
crainte de périr, tout le monde, sans
distinction, supporte les dommages.

4.° Que l'on connoît la loi juste en
faveur des propriétaires de la Vendée
qui ont été ruinés par la guerre civile.

5.° Enfin, nous pourrions citer la

conduite commerciale des négocians admirable des créanciers Hollandois. Hollandois à Surinam , à Démérari et à Berbin .

Ces négocians deviennent souvent les propriétaires , pour la forme, d'une habitation dont le maître meurt insolvable; mais, comme nous le disons , ce n'est que pour la forme.

En effet , s'ils reconnoissent dans le fils du défunt propriétaire , des talens suffisans, ils lui accordent la ferme de cette habitation , par préférence à tous autres, même à moindre prix; lui font les avances qui lui sont nécessaires pour relever le bien , et alors cette propriété n'est plus pour eux qu'un simple nantissement, qu'une solide espérance d'être payés dans un temps raisonnable.

Dans ce cas, le fils, mû par l'amour-propre, par la tendresse filiale, par l'honneur qu'il attache à la liquidation des dettes de son père, travaillant avec ardeur, échauffé qu'il est par un espoir vraiment consolant, a bientôt rempli les intentions de ses créanciers, et en peu d'années sa propriété liqui-dée reste dans ses mains par les secours, par la bonne-foi et par l'intelligence de ses généreux créanciers.

Si le défunt n'a point de fils en état de gérer, ou s'il n'a même qu'une veuve, des filles, on prétend que ces modèles de négocians se hâtent de liquider eux-mêmes cette habitation, et de la rendre aux légitimes héritiers. Ainsi la mise en possession qu'on leur accorde, est le résultat de leur carac-tère de justice naturelle, et cette me-sure législative qui pourrait ailleurs avoir pour l'habitant les conséquences les plus funestes, devient parmi les Hollandois un calcul sage pour le créancier, et une ressource inappré-ciable pour le débiteur.

Je ne conseille pourtant pas d'adop- Danger
ter cette mesure, parce que je ne d'accorder,
quant à
crois point que notre commerce na- présent, les
tional ait encore suffisamment trempé mêmes
droits à nos
dans la moralité, pour être sensible négocians.
à l'opinion qui tient lieu de loix parmi
les anciens négocians.

Ce que nous rapportons n'est que Le motif de
pour convaincre le Ministre que nous ces citations
aurions pu adopter et faire valoir les
mesures les plus sévères, soit en demandant d'éteindre toutes les dettes à
la fois, à l'imitation des Romains,
qui, après leurs plus longues guerres,
étoient encore bien éloignés de la situation où les Colons se trouvent après dix
ans de tourmens et de misères ; soit en
demandant d'exproprier sur-le-champ
le malheureux débiteur, d'après l'exemple que nous en fournit une nation
alliée.

Mais tâchant d'imiter le Ministre , Résumé et
conclusion.

et ne voulant, comme lui, que la justice qui entretient l'équilibre, nous avons considéré la nature du mal, et que déchirer la plaie, n'étoit pas le moyen de le guérir; nous avons considéré que le créancier méritoit justice, que la terrible circonstance où se trouvent les Colons, n'a point d'exemple dans l'histoire; nous avons considéré les localités et même la pluralité de toutes les parties intéressées, et nous avons cru que les remèdes les plus doux étoient les plus sûrs. Nous n'avons pas un instant oublié la chose publique, le Gouvernement, le trésor national, et nous croyons sincèrement que la loi ci-dessus indiquée satisfait presque à tout.

LISTE

DE MÉMOIRES

Présentés dans les années 8 et 9, où les Colons verront probablement avec plaisir qu'ils en ont été le but continuel.

2 vendémiaire an 9.

AUJOURD'HUI a été présenté au Ministre, la liste nominative des ouvrages, ou plutôt des mémoires sortis des bureaux d'histoire et de législation depuis l'installation de B. D. , du 14 ventôse an 8.

Premier extrait analytique des bureaux d'histoire et de législation de la Marine et des Colonies.

D'où il résulte que le Ministre a reçu,

1.º

En ventôse, un mémoire succinct, *Comparaison*

R

des produits coloniaux.

où la comparaison est faite entre le produit net que les Colonies, en général, rapportoient avant la révolution, et la presque nullité des Colonies dans le moment actuel.

2.º

Etat pitoyable des Colons réfugiés.

Dans le même mois, un autre mémoire sur l'état pitoyable des Colons réfugiés en France, où l'on s'efforce de combattre leurs ennemis calomniateurs; où l'on voit le caractère énergique que l'Européen acquiert promptement dans les Colonies; où l'on fait voir qu'il y avoit proportionnellement plus de vertus dans ces pays lointains,

Leur valeur naturelle.

qu'en Europe. On y remarque la valeur naturelle aux Colons, leur faculté à devenir, pour ainsi dire, deux fois homme, leur hospitalité, leur soumission; mais aussi, dans les crises violentes, leur exaltation, leur exaspération, et l'impossibilité de les contenir dans de justes bornes, quand les chefs qui les gouvernent montrent l'exemple d'une licence effrénée, ou d'une injustice révoltante.

3.⁰

En germinal, un autre mémoire renfermant l'examen de la conduite des chefs du moment, qui commandent uniquement par la force à Saint-Domingue. Tableau des horreurs commises par des agens dont on doit oublier les noms pour l'honneur de l'humanité.

Examen des chefs actuels de Saint-Domingue.

4.°

En floréal, un extrait analytique de plusieurs ouvrages coloniaux, dont nous devons la communication à M. Fondeviolle, Colon instruit, propriétaire à Saint-Domingue, et sur lequel nous avons tâché de fixer les

Obligation envers M. Fondeviolle.

R..

regards du ministre, pour procurer à ce citoyen estimable, et ruiné comme les autres Colons, que nous ne connoissons que par réputation, une existence honnête dans les bureaux, et pour faire l'acquisition de son intéressante collection des ouvrages sur les Colonies (1). A cet extrait analytique sont jointes des notes de localités propres à donner au Ministre des lumières sur les parties les moins connues de la superbe île de Saint-Domingue. J'en dois une partie aux conversations lumineuses de M. Millot, propriétaire dans la partie du Nord de cette île. Il est négociant; ses vertus égalent ses malheurs et ses lumières; et il est la preuve que l'intérêt et la cupidité ne sont pas toujours les bases du commerce.

Réflexion sur les localités.

Justice rendue à M. Millot.

---

(1) M. Barillon, banquier, a le mérite d'avoir utilisé cet homme de bien.

5.º

En prairial, un mémoire où l'on dé-
veloppe la nécessité locale, et l'heureux
événement de la résistance des habitans
des Colonies orientales, dans lequel
on croit démontrer que ces habitans
ne peuvent pas être regardés comme
rebelles à la mère-patrie; mais comme
des enfans éclairés, qui conservent à
leur mère, comme malgré elle, des
possessions précieuses, et qui, dans
la suite, mériteront l'éloge de tous les
pays. On y a joint des notes qui regardent la bonne conduite individuelle et
politique des administrateurs de ces
climats orientaux.

Eloge des habitans de la partie orientale des Indes.

6.º

Dans le même mois, un autre
mémoire, où l'on ne tire aucune
conséquence; où l'on fait un tableau

Inconvéniens de la liberté et de l'esclavage.

des avantages et des inconvéniens de la liberté et de l'esclavage des Colonies.

7.°

Caractère naturel de l'Africain.

En messidor, un mémoire où l'on peint le caractère naturel de l'Africain, avec les différences qui résultent du pays où il est né, les vices qu'il apporte dans nos Colonies, les peines et les désagrémens qu'il y procure, ses penchans invincibles ; la réfutation des personnes qui croient de bonne-foi que sa couleur est l'effet du climat ; l'éducation qui lui est propre dans le nôtre ;

Caractère du Nègre Créole.

le caractère des Nègres Créoles, leur orgueil, leur simplicité, leurs préjugés, leurs vices et leurs qualités.

8.°

Celui des personnes de couleur.

En thermidor, un mémoire sur le caractère des Mulâtres, et des autres gens de couleur, en suivant le rapprochement progressif du Blanc ; leurs qualités, leurs goûts, leurs passions, leurs prétentions ridicules, les injustices commises à leur égard, la possibilité d'en faire d'excellens citoyens, et la politique de les ranger du côté des Blancs, etc.

On en peut faire d'excellens citoyens.

2.°

Dans le même mois, un mémoire explicatif de la bonne conduite des troupes de ligne auxiliaires et coloniales, connues à Saint-Domingue sous le nom général de *régiment de Crêtes-Dragons*, de leur bravoure, et plusieurs traits historiques qui font autant l'éloge de leur humanité que de leur valeur ; de leur adresse à faire rendre au Gouvernement la ville insurgée de Léogane ; où l'on voit leur sincère attachement pour la mère-

Anecdotes principales sur le régiment de Crêtes-Dragons.

<table>
<tr><td>Son affilia-
tion à celui
du Port-au-
Prince.</td><td>patrie ; leur affiliation avec le régiment du Port-au-Prince ; le zèle extraordinaire de leur état-major qui solde la troupe de leur propre argent , sous la promesse pourtant que le Gouvernement les remboursera ; leur renonciation généreuse à ce remboursement;</td></tr>
<tr><td>Son beau
serment et
son exécu-
tion.</td><td>sur-tout leur étonnant serment , son exécution au milieu des flammes de la révolution coloniale , et quelques extraits de leurs livres d'ordre, déposés dans les bureaux de la Marine.</td></tr>
</table>

10.°

<table>
<tr><td>Nécessité
de former
des comités
coloniaux
en France.</td><td>En fructidor , un mémoire sur la nécessité de former des commissions de colons , propriétaires instruits , comme il en est maintenant à Paris , pour s'occuper de toutes les branches du tronc colonial , telles que le militaire , le civil , l'administration , et les subdivisions de ces parties princi-</td></tr>
</table>

pales, avec l'observation pourtant, qu'il est impossible de faire en France de justes loix coloniales, pour la formation desquelles il faut être sur les lieux mêmes, entouré de tout ce qu'on n'apperçoit plus à la distance de deux mille lieues, et qu'il ne faut pas oublier de marcher sur les traces de MM. Larnage et Maillart, les plus savans chefs qu'on ait eus à Saint-Domingue, et qui pouvoient gouverner toutes les Colonies.

Le 2 vendémiaire an 10.

AUJOURD'HUI a été présenté au Ministre la liste nominative des mémoires sortis des bureaux d'histoire et de législation, pendant le courant de l'an 9 ; d'où il résulte que le Ministre a reçu

<table>
<tr><td>Pour mémoire.</td><td>1.° En vendémiaire, un mémoire sur un objet de discipline particulière, etc.</td></tr>
<tr><td>Constitution propre aux Colonies.</td><td>2.° Dans le même mois, un mémoire tendant à une constitution propre aux Colonies, et particulièrement à celle de Saint-Domingue, où sont des réflexions générales sur la partie législative qui lui convient, sur la nécessité de ne pas envoyer, comme autrefois, des jeunes gens sans expérience, et souvent sans moralité, pour être Juges souverains, etc.</td></tr>
<tr><td>Moyens de rétablir Saint-Domingue.</td><td>3.° En brumaire, un autre sur la nécessité de rétablir la Colonie de Saint-Domingue; sur les moyens de le faire, quand la mer le permettra, et sur la</td></tr>
</table>

nécessité d'employer préliminairement
les moyens militaires pour réprimer
les abus nouveaux qui s'y sont intro-
duits, et qu'il sera impossible de dé-
raciner sans la force; que *les demi-
mesures sont toujours la source des
plus grands maux*; qu'il ne faut
pas envoyer à Saint - Domingue de
foibles moyens; qu'il faut attendre
qu'on puisse en avoir de suffisans, et
que la saison soit favorable; que les
mois de mai, juin, juillet, août, sep-
tembre sont mortifères pour les Blancs
sur-tout; qu'il ne faut entrer en campagne qu'au mois d'octobre; qu'alors
avec des troupes suffisantes, on aura
bientôt reconquis cette incomparable
Colonie, parce que l'on peut marcher
dans les plaines ou dans les montagnes jusques à la fin du mois d'avril,
sans craindre les terribles maladies
inflammatoires et putrides qui dévo-

rent tant de monde dans les mois qui suivent, qu'il faut sur-tout des vaisseaux qui croisent continuellement pour empêcher qu'il ne parvienne aux rebelles des secours que la cupidité ne cessera d'essayer de faire passer.

Nécessité d'une croisière rigoureuse.

4.º

Dans le même mois, des réflexions sur l'économie publique, relatives aux fournitures.

Réflexions sur l'économie publique.

5.º

Dans le même mois, un mémoire sur un autre objet particulier, etc.

Pour mémoire.

6.º

En frimaire, un mémoire qui s'occupe à demontrer si l'on peut se passer de l'esclavage dans des pays où le travail peut seul les rendre, comme agricoles, vraiment utiles à la mère-patrie; où l'on dit que les Colonies

Si l'on peut se passer de l'esclavage.

sont faites pour la Métropole , et non la Métropole pour les Colonies ; moyen d'associer l'humanité à l'intérêt ; facilité d'accorder la liberté aux sujets connus pour la mériter ; établissement d'un commissaire du Gouvernement pour veiller à ce que les esclaves de bonne conduite soient aidés dans le desir qu'ils manifesteront pour leur liberté , en dédommageant le maître comme il convient , ou pour se prêter politiquement aux circonstances inattendues et locales concernant les esclaves.

Encouragement pour entretenir la bonne conduite des esclaves.

7.°

Dans le même mois , l'Annuaire de la Marine et des Colonies, qui deviendroit, s'il étoit encouragé , une source d'instructions historiques et politiques, sur-tout pour les Colonies.

Annuaire.

8.°

Police
particulière
pour les
affranchis.

Dans le même mois, seconde partie du mémoire ci-dessus, où l'on démontre la nécessité d'une police particulière pour les affranchis. Réflexions sur l'ordonnance de 1685, et ce qu'il est nécessaire d'y ajouter pour le bonheur des esclaves, et pour la justice due aux cultivateurs noirs, devenus libres par leur bonne conduite, et par leurs maîtres naturels.

9.°

Commentaire sur
l'ouvrage
colonial de
M. Moreau
de S.-Méry.

En nivôse, un mémoire où sont relatés les passages que les circonstances rendent les plus utiles à observer dans le savant ouvrage de M. Moreau de Saint-Méry sur la partie française de Saint-Domingue, avec des modifications dictées par la prudence des temps, et des moyens qui tendent à un avenir plus heureux, sitôt qu'il sera possible d'avoir la paix.

10.°

Dans le même mois, un mémoire où l'on démontre la nécessité politique de ne point accepter la cession de la partie espagnole de l'île de Saint-Domingue ; où l'on fait voir l'impossibilité de soumettre les Français Colons à la vie de pâtre que chérit le Colon Espagnol, et l'inconvénient de n'avoir plus de viande fraîche, ni d'argent même, si les Espagnols quittent cette Colonie ; où l'on prouve la bonne politique que deux grandes nations soient intéressées à la conservation de l'île de Saint-Domingue ; la considération que la partie espagnole n'est pas aussi bonne par-tout que l'on affecte de le dire assez généralement, et même, en plus grande partie, beaucoup inférieure à la partie française, etc. (1).

Danger d'accepter la cession de la partie espagnole de Saint-Domingue.

____

(1) En 1785, on pensoit déjà de cette manière.

  Dans le même mois, un mémoire formant un code provisoire sur la police
particulière de Saint-Domingue, applicable, en grande partie, aux autres
Colonies.

L'auteur de la *Dissertation sur les suites de la
découverte de l'Amérique*, donnoit aux Espagnols
le conseil de céder leur partie de Saint-Domingue,
et j'en rapporte les termes. Ils ne sont point équi-
voques, et prouvent que si les Espagnols ont eu
tort, c'est d'avoir tant tardé.

« L'Espagne feroit peut-être la plus belle opéra-
» tion politique, dit-il, en cédant à la France la
» partie qu'elle possède de l'île Saint-Domingue; elle
» acquerroit des défenseurs qui ne lui coûteroient
» rien; fortifieroit la population de Cuba, de celle
» qu'elle retireroit de sa cession; seroit plus en état
» de résister aux forces de la Jamaïque, qui elle-
» même seroit une balance utile dans des événemens
» que toute la prudence des hommes ne peut pré-
» voir.

» Mais de tous les arrangemens politiques il n'y
» en auroit peut-être pas de plus utile que la rétro-

12.º

Dans le même mois, un autre mé- Rétablissement de quelques cartons.
moire qui montre la nécessité de réta-
blir l'ordre de certains cartons tombés
dans une confusion inextricable par le
bouleversement de la révolution; où

» cession de la Louisiane, pour servir de barrière à
» une nation qui ne peut tarder à être entrepre-
» nante. »

Il faut cependant chercher des consolations dans
ses maux , et tirer le meilleur parti possible de la cession de la partie espagnole de Saint-Domingue. Il faut
convenir que l'on commençoit à se plaindre dans la
française , de ce que les terres à café et à indigo
s'usoient de jour en jour, faute, peut-être, de perfec-
tionnement dans la culture. Alors la partie espagnole
peut dans ce cas-là même, devenir une ressource
importante.

Ensuite on devra donner les plus grands encourra-
gemens aux hattiers, afin de les porter aux soins
des bestiaux, et s'occuper continuellement d'augmenter la population, sans laquelle l'île entière de
Saint-Domingue ne peut offrir que les plus grands
inconvéniens.

S

l'on donne les moyens de les rétablir ; de manière que par un registre en ordre chronologique, alphabétique et de matière , on puisse sur-le-champ trouver les choses , en faisant attention au relevé des décisions du Ministre qui , par oubli , se trouvent quelquefois en contradiction entr'elles ; où l'on fait remarquer que ce travail ne peut qu'être long, et que tout répugnant qu'il puisse être par la patience qu'il exige , il n'est cependant pas impossible de l'achever dans l'année et sans nuire au courant.

13.º

Qualités nécessaires aux chefs qui vont commander dans les Colonies.

Dans le même mois , un mémoire sur les qualités nécessaires aux chefs que l'on destinera pour les Colonies, et l'indispensabilité de marquer tellement les limites de chaque autorité , que l'une ne puisse pas empiéter sur l'autre, pour inspirer plus de respect au public et fermer tout accès aux abus qui naissent de l'arbitraire. Comme l'ivraie qui nuit au froment, ils ne peuvent que porter les racines les plus profondes dans ces contrées où l'éloignement affoiblit toujours la vérité contre le malheureux qui souffre des injustices, et par conséquent répandre le trouble parmi des esprits déja excités par l'ardeur du soleil.

14.°

En pluviôse, un mémoire où sont rapportés tous les avis en faveur de la liberté générale dans les Colonies, et sans aucunes réflexions.

15.°

Dans le même mois, un autre mémoire où sont rapportés tous les avis pour le rétablissement de l'esclavage.

S..

Réflexions impartiales à ce sujet, où l'humanité est aux prises avec l'intérêt de la Métropole et de toutes les Puissances étrangères et environnantes.

16.°

Table chronologique.

Dans le même mois, la première partie de la table chronologique *de tous les ouvrages sur les Colonies*, depuis 1790.

17.°

Dans le même mois, la seconde partie de la table ci-dessus.

18.°

Table alphabétique et de matières.

Dans le même mois, les tables alphabétiques et de matières des ouvrages sus mentionnés.

19.°

Mémoires sur le général Grondel?

En ventôse, les *mémoires* sur le général Grondel, où sont un grand nombre de réflexions concernant les Colonies , et particulièrement sur la Louisiane. Attachement des Sauvages pour les Français , etc. etc.

20.

Dans le même mois , un mémoire sur l'importance d'échanger la partie espagnole de Saint-Domingue contre la Louisiane si horriblement cédée aux Espagnols sous le ministère de M. de Choiseuil. Précautions à prendre pour ne pas infecter ce pays du poison de la liberté sans bornes. Politique de faire de cette contrée tempérée le dépôt des troupes, pour les distribuer dans nos Colonies, et pour les y rappeler quand elles sont malades. Commerce à faire avec les North-Américains, et moyen d'obtenir d'eux la préférence sur les Anglois. Nécessité de ne pas leur laisser le poste des *Natchez* qu'ils ont obtenu des Espagnols.

21.

Réflexion particulière aux Colonies

Il ne faut qu'un Département par Colonie.

Pourquoi.

Dans le même mois, un mémoire sur la politique de ne regarder chaque Colonie que comme un département, et de ne pas souffrir qu'une Colonie soit composée de plusieurs, mais seulement de sections du même département, attendu que dans un même lieu, c'est une annonce de souveraineté particulière qui peut porter à des prétentions nuisibles aux intérêts de la métropole, et substituer des idées d'indépendance dans des pays agricoles qui doivent à la métropole tous les fruits de leurs travaux, etc.

22.º

Divers extraits analytiques.

En germinal, quelques extraits sur des ouvrages nouveaux relatifs aux Colonies, où sont des notes critiques.

23.º

En floréal, un mémoire pour prouver qu'on n'a pas grand besoin d'un corps d'Ingénieurs dans les Colonies , ni par conséquent de fortificatious dis-pendieuses ; mais seulement de ces batteries flottantes , qui croisent con-tinuellement autour des îles ; que les vaisseaux de l'Etat sont les pre-miers et les plus utiles défenseurs de ces contrées ultramaritimes ; qu'une bonne croisière vaut mieux que tous les forts les plus dispendieux , et qu'il ne faut quelques fortifications que dans l'intérieur, pour se préserver des atrocités des rebelles qui naîtront in-failliblement de temps à autre.

Il ne faut pas beau-coup d'In-génieurs dans les Colonies.

24.º

Dans le même mois, des considé-rations politiques , géographiques et

Sur les limites de Saint-Domingue.

coloniales, où l'on relève les anciens abus sur la ligne de démarcation pour les limites entre les parties française et espagnole de Saint-Domingue ; manière de traiter avec les Espagnols, et de s'entendre avec eux pour la police intérieure de chacune des deux possessions.

25.°

Diverses traductions.

En prairial, traduction de l'anglois de plusieurs objets politiques applicables à la marine et à la police des ports, auxquels sont jointes plusieurs réflexions que cette application fait naître.

26.°

Point de grandes villes ni de grandes assemblées dans les Colonies.

Dans le même mois, vues générales sur les Colonies, et la nécessité politique de n'y souffrir ni grandes villes, ni grandes assemblées ; mais de repousser, par les moyens les plus attrayans, tous les habitans à la campagne, les fonctions de ces pays étant principalement agricoles, et ne pouvant se régir d'après les nouveaux principes de France dans leur totalité.

27.°

En messidor, mémoire sur le commerce des Colonies. Preuves qu'il n'y a jamais eu que des commissionaires proprement dits, au lieu de négocians, que des mandataires des négocians de France; moyen de créer de véritables négocians, et des chambres de commerce contenues pourtant par des loix sévères, étant très-important que l'habitant ne soit plus, comme il l'étoit autrefois, en quelque sorte l'esclave du négociant, et qu'il n'y ait plus que des liens réciproques; le négociant n'étant pour ainsi dire et naturellement que l'homme d'affaires

Sur le commerce des Colonies.

de l'habitant ; qu'il faut se donner bien de garde de laisser s'élever aucune compagnie-exclusive, sous le prétexte des malheurs actuels ; car les Blancs seroient bientôt dans un esclavage cruel. Une compagnie exclusive est un ver solitaire qui ne tarde pas à faire périr le corps qu'il attaque. Que le passé est une grande leçon pour le présent et l'avenir ! etc.

Point de
compagnie
de
commerce
exclusive.

28.º

Création
d'institu-
tions pour la
jeunesse et
de sociétés
savantes.

Dans le même mois, un mémoire sur la nécessité de former le plutôt possible, aussitôt que nous serons en paix, des institutions pour la jeunesse dans les Colonies , et de rappeler la société des sciences et des arts du Cap Français, qui sommeille depuis la révolution , et d'engager par toutes sortes de moyens et d'agrémens, l'ha-bitant à rester dans les Colonies, dont l'absence occasionne toujours une perte pour les travaux et pour la prospérité de la chose publique.

29.º

En thermidor, un mémoire où l'on établit la nécessité d'une réunion de Colons instruits, pour former, suivant l'intention de la loi du 5 nivôse an 5, la préparation d'un code de loix coloniales.

Réunion de Colons pour préparer un code.

30.º

Dans le même mois, l'historique des bureaux d'histoire et de législation ; la manière de les utiliser, et d'y former plus que jamais, par le travail approfondi des Colonies, des sujets précieux pour ces régions lointaines qui ont besoin de correspondans instruits de leurs localités, pour faire accueillir et sanctionner les loix coloniales, qui

Pour mémoire.

Nécessité d'avoir auprès de l'autorité de France, des Colons instruits pour la correspondance des Colonies.

ne peuvent être bien faites que sur les lieux mêmes.

31.º

En fructidor, un mémoire sur le grand avantage de la Marine à user de la *commission*, ou de la *fourniture;* où l'on voit des détails économiques sur les brais , goudrons et planches, qui donnent lieu à un tableau de comparaison entre l'achat que les négocians font de ces objets , et celui de la République ; d'où il résulte que, si la Marine usoit de la commission au lieu de la fourniture, quand les finances le permettront , la République gagneroit extraordinairement; où l'on voit également des détails économiques sur les magasins à Bayonne , pour tous les objets ci-dessus.

32.º

Dans le même mois , un mémoire sur des points de vue intérieurs.

33.º

Dans le même mois, analyse d'un ouvrage intitulé, *Réflexions sur la Colonie de Saint-Domingue, ou examen approfondi, et des mesures adop-tées pour la rétablir*, terminées par l'exposé rapide d'un plan d'organisation propre à lui rendre son ancienne splendeur. Cette analyse est de *M. Gautier*, ex-chef de la première division de la Marine, depuis adjoint au ministère, et maintenant attaché, par décision expresse du Ministre, aux bureaux d'histoire et de législation, en qualité de *commis d'ordre*. Ses notes annoncent des mœurs, du talent, de la religion et de l'utilité. Elles prouvent qu'il mérite de l'avancement dans la nouvelle carrière qu'il a entreprise.

34.º

Réflexions propres aux aux localités et aux mœurs des Colonies.

Dans le même mois, un mémoire où l'on fait voir l'inconvenance locale dans les expressions de *Capitaine-général*, de *Préfet*, et de *Commissaire de justice* ; qu'il faudroit y substituer peut-être celles de *Proconsul* (1), de *Surintendant*, de *Préteur*, ou quelques autres même plus frappantes dans la langue et dans les mœurs françaises, parce que dans des pays où le faste est général, il convient d'y donner des titres fastueux ; que dans les nouvelles dénominations les Colons ne voient, 1.º dans le *Capitaine*-général, que celle de *Capitaine*, qui annonce une trop grande subordination ; 2.º dans le *Préfet*, que

______

(1) Il faudroit pourtant prendre garde qu'il ne ressemblât aux proconsuls Romains, dont les exactions étoient souvent affreuses dans les provinces. Des instructions particulières remédieroient à ces terribles inconvéniens.

le souvenir du *Préfet ecclésiastique* qui existoit avant la révolution, et auquel sans doute on substituera un évêque dépendant de l'archevêque de Paris ; 3.º dans le *Commissaire* de justice , une idée qui rabaisse à leurs yeux , la grandeur naturelle au chef de la justice ; qu'enfin les Colons exigent qu'on peigne la grandeur des places dans les noms mêmes, pour les porter sur-le-champ au respect dû aux chefs qui les gouvernent ; que chez eux tout dépend de la première impression ; qu'il faut se persuader que la différence des mœurs coloniales est en proportion de celle du climat, et qu'on s'abuse toujours en croyant que les Colonies peuvent se gouverner comme des provinces d'Europe.

35.º

Dans le même mois, un mémoire ^{Pour} mémoire.

sur un objet particulier où le public
ne verroit rien d'utile , proprement
dit , pour lui.

36.º

Inégalité choquante et décourageante.

Dans les jours complémentaires, un
mémoire sur la bonne politique de
détruire cette inégalité choquante qui
existoit autrefois entre les places de la
marine en Europe et celle de la marine
dans les Colonies , puisqu'à mérite
égal qui existe et doit exister parmi ces
fonctionnaires , la préférence seroit
due à ceux qui abandonnent leur
famille et la mère-patrie , pour aller
servir la chose publique dans des pays
lointains dont le climat offre tant d'inconvéniens destructeurs; où l'on établit
que tous les officiers des Colonies doivent jouir de tous les avantages de
l'Europe , puisque ces officiers sont
Français, et que les Colonies ne sont

qu'un prolongement de la France elle-même ; où l'on tire la conséquence qu'il en doit être de même de toutes les autres professions ; où l'on prouve que cette nouvelle politique ne peut être qu'extrêmement encourageante et donner à la mère-patrie, dans sa plus longue projection, des hommes précieux dans toutes les classes, sous un ciel qui échauffe naturellement l'imagination, dont l'activité ne tourneroit ainsi qu'au plus grand avantage du plus grand nombre.

OBSERVATION.

On donnera peut-être quelque jour la suite de ces travaux ; mais par les extraits analytiques que nous venons de donner, le public doit être convaincu que M. Forfait avoit les vues les plus étendues sur les Colonies, en créant la place d'historiographe, et qu'il a

Conclu-sion.

T

enchéri même sur ce que M. de Bruix
avoit fait avec sagesse, pour le bonheur des Colons, dans le temps qu'il
étoit aussi Ministre de la marine et des
Colonies. M. de Bruix a créé les bureaux d'histoire et de législation coloniale, et il a, par cette sage institution,
donné l'occasion à M. Moreau de Saint-
Méry d'enrichir l'Etat de bons ouvrages
sur les Colonies. M. Forfait vouloit,
dans l'historiographe qui a remplacé
M. Moreau de Saint-Méry, une espèce
de commissaire intérieur, qui donnât
son avis et ses instructions dans beaucoup d'affaires de son ministère, et sur-
tout dans celles des Colonies : précaution sage, qui empêcheroit bien des
surprises involontaires, en donnant plusieurs moyens d'examen, et une espèce
de concurrence qui, sans offenser
l'amour-propre de personne, deviendroit aussi une filière d'où les choses

ìroient plus épurées jusqu'au Ministre.
Il y auroit sûrement plus de peine que
d'ambition dans ces fonctions secrètes,
et plus d'amour pour la chose publique,
que d'avantage pour soi-même. Une
place où la discrétion la plus profonde
devroit envelopper les talens les plus
sûrs, n'est pas faite pour flatter l'orgueil qui n'aime qu'à paroître, et ce
seroit le comble de la méchanceté, que
de supposer des prétentions ridicules
dans un pareil homme où l'on ne verroit que le courage nécessaire à ses
fonctions, et les sacrifices journaliers
des plaisirs qu'on ne se propose que
trop souvent en s'élevant. Un homme
de ce genre n'a point de superficie,
il ne paroît rien. Enfoncé dans la
profondeur de son travail, il ne peut
offusquer personne, parce qu'il en
est peu qui se contenteroient de cette
obscurité.

T..

POST-SCRIPTUM.

Système hypothécaire.

Il seroit peut-être du plus grand intérêt pour les Colons, qu'une loi prononçât sur l'établissement des hypothèques ; il en résulteroit une association de bureaux d'hypothèques, qui donneroit lieu à un crédit public.

Ce que doit être l'hypothèque dans les Colonies

L'hypothèque seroit une action directe sur un immeuble réel ou fictif.

Comment s'obtient l'hypothèque.

On auroit hypothèque moyennant un acte public de la juridiction volontaire ou contentieuse.

Le rang de l'hypothèque dateroit du jour de l'*inscription* de cet acte sur les registres du bureau des hypothèques de l'arrondissement où se trouve le bien hypothéqué.

L'acquisition ne confirmeroit la propiiété absolue, qu'autant que l'acte de vente seroit *transcrit* sur les registres du bureau ci-dessus.

Tous les bureaux d'hypothèque auroient leur administration centrale à Paris. Chaque Colonie auroit son bureau général qui correspondroit avec son administration centrale. Formation des bureaux d'hypothèque.

Il existeroit alors un systême cédulaire ; il consisteroit dans des billets consentis par le débiteur en présence des conservateurs de chaque bureau, qui en garantiroient la solvabilité, et ces billets seroient transmissibles par la voie de l'endossement du propriétaire, et attestés par les conservateurs de l'administration centrale de Paris, de manière qu'ils circuleroient même dans les banques comme ayant force de contrats. Ces billets auroient l'effet des lettres-de-change, sur lesquels l'habitant se procureroit, comme si Systême cédulaire. Garantie de la solvabilité, Crédit cédulaire. Circulation des obligations cédulaires.

c'était de l'argent comptant, tous les objets qui lui seraient nécessaires. A leur échéance, si l'habitant ne peut pas payer, il pourra, en payant l'intérêt de la somme échue, obtenir une autre cédule de prolongation, autant de fois qu'il sera exact à payer les intérêts.

Facilité de leur prolongation.

S'il ne paie ni intérêts ni capitaux, les porteurs seront autorisés à s'emparer du bien, pour en palper seulement les revenus jusques à concurrence de la dette, à condition toutefois que les porteurs seront contraints d'entretenir et de rendre l'habitation en séquestration avec sa valeur naturelle.

Droit des porteurs.

Leur obligation.

Cet objet est sans doute susceptible d'un plus profond examen ; mais nous n'avons que l'intention de le provoquer, et de fournir un moyen de plus au rétablissement des Colonies, en observant que le système hypothécaire

Nécessité d'un plus grand examen.

pour les Colonies est d'un intérêt majeur et pour la sûreté des acquéreurs
et pour le crédit des propriétaires. De
la réunion de tous ces bureaux il résulteroit qu'on obtiendroit un véritable
dénombrement , et une vraie fixation
des biens coloniaux. On y verroit
chaque année l'accroissement ou le
décroissement des Colonies , et le Gouvernement auroit ce tableau sous ses
yeux , à peu près comme on a sur
sa cheminée le répétiteur des impres-
sions de l'air extérieur.

F I N.

TABLE DES MATIÈRES.

V

V..

Réflexions ultérieures.

Dernière et courte Réflexion.

Notes indispensables pour ceux qui ont lu ce qui précède.

SECOND FRAGMENT.

*Données sur les dettes coloniales, et sur la manière
de les acquitter.*

X

FIN DE LA TABLE.

ERRATA.

PAGE xvj, ligne 5 de la note de l'Avant-propos, toute forte qu'elle soit; *lisez*, quelque forte qu'elle soit.

2, lignes 7 et 8, a laissé tomber; *lisez*, a laissé retomber.

21, ligne 5 de la note, l'anthrophagie; *lisez*, l'anthropophagie.

22, ligne 2 de la note, ont le goût naturel; *lisez*, ont un goût naturel.

25, ligne 3 de la note, les meilleurs gens; *lisez*, les meilleures gens.

42, lignes 3 et 4, et se se changer; *lisez*, et se changer.

48, ligne 4, la nigrophilologie; *lisez*, le nigrophilisme.

78, ligne 20, un mauavis; *lisez* un mauvais.

118, ligne 16, manaçant; *lisez*, menaçant.

129, à la note marginale, doit imputet; *lisez*, doit imputer.

167, lignes 4 et 5, jamais on ne trouvera, pour le réaliser, des circonstances; *lisez*, jamais il ne se présentera, pour le réaliser, de circonstances.

170, lignes 3 et 4, et connoît de toutes les matières *lisez*, et il connoît de toutes les matières.

177, lignes 18 et 19, la crainte a plus servile; *lisez*, la crainte la plus servile.

205, à la note marginale, que des affranchis; *lisez*, que les affranchis.

212, ligne 2, telles que de juges; *lisez*, telles que de jurés.

219, ligne 2, il est militatre; *lisez*, il est militaire.

231, ligne 12, un produit net de 300 millions; *lisez*, un produit net de 300 millions métalliques.

284, ligne 6, de la commission *ou* de la fourniture; *lisez*, de la commission *au lieu* de la fourniture.

288, ligne 20, de tous les avantages de l'Europe; *lisez*, de tous les avantages *de ceux* de l'Europe.